Die
Lettische Revolution

Mit einem Geleitwort

von Professor Dr. Theodor Schiemann

*

Teil I

Der Schauplatz * Treibende Kräfte

Zweite veränderte Auflage

Berlin
Druck und Verlag von Georg Reimer
1908.

Geleitwort.

„Die lettische Revolution", deren erster Band hier der Öffentlichkeit übergeben wird, ist auf Grund von Materialien geschrieben, die der anonyme Verfasser des Buches mit großer Sorgfalt gesammelt und mit kritischem Scharfsinn verwertet hat. Ich stehe nicht an, die volle wissenschaftliche und moralische Verantwortung für diese Publikation zu übernehmen, und empfehle sie der Beachtung aller derjenigen, denen daran liegt, über eines der wichtigsten Kapitel der großen russischen Revolution ein unparteiisches und wahrhaftiges Urteil zu gewinnen.

Berlin, Ende Juni 1906.

Prof. Dr. **Theodor Schiemann.**

Vorwort.

Die Abhandlung über die lettische Revolution verfolgt einen doppelten Zweck: einmal soll sie das vorhandene reichhaltige Material wissenschaftlich verwerten und historisch festlegen, dann soll sie die falschen Darstellungen einer teils irregeführten, teils lügnerischen Presse zurechtstellen, sowohl hinsichtlich der Geschehnisse, als auch hinsichtlich der Ursachen der revolutionären Bewegung.

Die Abhandlung kann nicht den Anspruch erheben, erschöpfend zu sein, sie soll aber dem Leser die Möglichkeit bieten, sich über die wichtigsten Faktoren zu informieren, welche zum Verständnis der psychischen Massenerkrankung, als die sich die revolutionäre Bewegung in den Ostseeprovinzen darstellt, erforderlich sind.

Das benutzte Quellenmaterial ist sorgfältig ausgewählt; vor allem sind die offiziellen Publikationen und Aktenstücke, die dem Verfasser zugänglich waren, verwertet worden.

Durch die Anordnung des Stoffes konnten im ersten Teil, bei den Abrissen über Geschichte, Verfassung und Agrargesetzgebung Wiederholungen nicht vermieden werden; dieser Nachteil dürfte aber aufgewogen werden durch die dem nichtbaltischen Leser gebotene Möglichkeit, sich schnell über ein Spezialgebiet unterrichten zu können.

Die Abhandlung zerfällt in zwei Teile. Im ersten vorliegenden Teil soll der Schauplatz der Revolution geschildert werden, auch soll untersucht werden, welches die treibenden Kräfte waren, die der Revolution den Boden ebneten.

Indem wir die Geschichte des Landes und seine Verfassung kennen lernen, werden wir die Eigenart ihrer Bewohner verstehen. Indem wir die Agrargesetzgebung und die wirtschaftlichen Verhältnisse untersuchen, werden wir die Überzeugung gewinnen, daß von einem ökonomischen Notstand, der zur Revolution hätte führen können, keine Rede sein kann. Indem wir endlich die Resultate der Grenzmarkenpolitik der russischen Regierung darlegen, werden wir zum psychologischen Verständnis der Krankheitserscheinungen am lettischen Volkskörper gelangen, die zur Massenpsychose führten, nachdem das Gift der Sozialdemokratie in diesen kranken Körper eingedrungen war.

Im zweiten Teil der Abhandlung wird die nationalistische und sozialdemokratische Bewegung innerhalb des lettischen Volkes behandelt und eine Darstellung der Revolution gegeben werden.

Der Verfasser.

Inhalt.

Einleitung.

Die Letten.

Unter den Nationen, die während der russischen Revolution von 1905 zu trauriger Berühmtheit gelangt sind, stehen an erster Stelle die Letten. Von ihnen war bisher in Deutschland nicht viel bekannt; man wußte: es ist ein den Litauern verwandter Volksstamm, der die bäuerliche Bevölkerung im südlichen Teil der russischen Ostseeprovinzen ausmacht und von dem auch Splitter auf der Kurischen Nehrung in Ostpreußen zu finden sind. Der Königsberger Prozeß von 1904 warf nur ein vorübergehendes Streiflicht auf die sozialdemokratischen Velleitäten der lettischen „Intelligenz". Dann versank dieses Volk wieder in Vergessenheit, um sich erst während des Schreckensjahres 1905 durch Meuchelmord und Brandstiftung in blutige Erinnerung zu bringen.

Heute ist es für den Deutschen gut, genau zu wissen, wer seine Nachbarn sind.

Die genauesten Nachrichten über Herkunft, Volkstum und Sprache der Letten verdanken wir dem Pastor Dr. A. Bielenstein, dessen klassisches Werk „Die Grenzen des lettischen Volksstammes und der lettischen Sprache" 1892 von der Akademie der Wissenschaften in Petersburg herausgegeben worden ist, als die Frucht eines langen, in seelsorgerischer Arbeit und wissenschaftlicher Forschung unter den Letten verbrachten Lebens. Am 19. Dezember 1905 ist das Pfarrhaus des greisen Gelehrten in Doblen mit seinem ganzen Inhalte, darunter die Bücher- und Manuskriptenschätze, verwüstet und dann eingeäschert worden, von denselben Letten, deren Sprache und Ethnographie durch Bielenstein in der europäischen Wissenschaft Eingang gefunden hatten.

Die Letten sind ein lito-slawischer Volksstamm, der seit etwa Mitte des ersten Jahrtausends n. Chr. an den Ostseeküsten siedelte.

Das jetzige Siedelungsgebiet umfaßt nach Bielenstein: 1. Kurland mit Ausnahme eines von Liven bewohnten Küstenstreifens bei Dondangen und des von Litauern und Weißrussen durchsetzten südlichen Teils des Kreises Jllurt (südlich von Dünaburg), 2. Süd-Livland, und zwar die Kreise Riga, Wolmar, Wenden und Walk, 3. Polnisch-Livland, die an Livland grenzenden Kreise Dünaburg, Rositten und Ludsen des witebskischen Gouvernements, wo Letten und Russen nebeneinander wohnen, 4. inselartige Siedelungen im Gouvernement Pleskau an der Grenze Livlands und im Gouvernement Kowno an der Grenze Kurlands, 5. in Ostpreußen den nördlichen Teil der Kurischen Nehrung bis zum Dorfe Rossitten.

Die Gesamtzahl der Letten auf dem genannten Gebiete, mit Ausnahme der Kurischen Nehrung, betrug nach der Volkszählung von 1897: 1 380 200 Köpfe, die sich wie folgt auf die einzelnen Gebiete verteilten:

Livland:	563 829	= 43,40 %	der Gesamtbevölkerung
Kurland:	505 994	= 75,04 %	" "
Witebsk:	264 062	= 17,73 %	" "
Kowno:	35 188	= 2,28 %	" "
Pleskau:	11 127	= 0,99 %	" "
	1 380 200	= 21 %	der Gesamtbevölkerung.

Die Letten sind überwiegend Bauern und Landarbeiter, doch ist die Zahl der Letten in den Städten in beständigem Wachsen begriffen, da sie den größten Teil der Fabrikarbeiter in den Industriestädten Riga und Libau stellen, auch durch ihre niedrigere Lebensführung den deutschen Handwerker und den kleinen Kaufmannsstand immer mehr verdrängen. Es fanden sich nach der Volkszählung von 1897 in den Städten Livlands und Kurlands 209 583 Letten, was in Kurland 42 %, in Livland 38 % der städtischen Bevölkerung ausmacht. Der weitaus größte Teil dieser städtischen Letten besteht, wie erwähnt, aus Arbeitern und Handwerkern; es sind aber schon einige tausend Letten mit Mittel- und Hochschulbildung vorhanden. Im Jahre 1904 verausgabte der Lettische Verein in Riga, der Mittelpunkt der nationallettischen Bestrebungen, 4000 Rbl. zur Unterstützung von Studenten[1]).

In der Zeit vor der Russifizierung gab es keine „lettische Intelligenz". Durch die Aneignung der höhern deutschen Kultur wurden die Letten und Esten germanisiert, zumal damit auch ein Aufrücken in eine höhere soziale Stellung verbunden war. Zahlreiche tüchtige Elemente sind auf diesem natürlichen Wege dem Deutschtum gewonnen worden. Erst die Russifizierung und die damit verbundene künstliche Schaffung einer nationalistischen Bewegung unter den Letten und Esten hat diesen Prozeß des Übergangs aus einer niederen in eine höhere Kultur unterbrochen. Die moderne „lettische Intelligenz" pocht auf ihr Volkstum, obgleich sie — sofern es sich um höhere Bildung handelt — eigentlich germanisiert ist. Wir werden auf diese Frage noch ausführlicher zu sprechen kommen.

Die lettische „Intelligenz" wendet sich teils freien Berufen zu: Prediger, Ärzte und Rechtsanwälte, teils geht sie in den niederen Beamtenstand über; die Kanzleien der Regierungs-

---

[1]) Vgl. den von einem Letten unter dem Pseudonym R. Kaupo-Riga geschriebenen Artikel „Die wirtschaftlichen und geistigen Fortschritte der Letten" in der Wiener Wochenschrift „Die Zeit", 1904, Nr. 515.

behörden in den Ostseeprovinzen, das Telegraphen-, Post- und Eisenbahnwesen waren beim Ausbruch der Revolution überfüllt mit jungen Letten, ein Umstand, der das Umsichgreifen der revolutionären Bewegung außerordentlich gefördert hat.

Für unsere Betrachtung ist aber vornehmlich das flache Land in Kurland und Süd-Livland von Wichtigkeit. Hier finden wir Letten in Kurland 440 128, oder 85% der ländlichen Bevölkerung, in Süd-Livland 415 833 oder 94% der ländlichen Bevölkerung. Der weitaus größte Teil der ländlichen Bevölkerung in Kurland und Süd-Livland besteht also aus Letten, wie in Nord-Livland und Estland aus Esten. Das deutsche Element stellt der Großgrundbesitz, der überwiegend deutsch ist, die Prediger und Landärzte, die allmählich von Letten und Esten verdrängt werden, und einige Wirtschaftsbeamte und Handwerker auf den Rittergütern.

Das Bild, das wir durch diese Ziffern von der Zusammensetzung der Nationalitäten gewinnen, wird den Hintergrund abgeben für das blutige Drama, das sich im Jahre 1905 hier abspielte und dessen Nachspiel noch nicht beendet ist. Bevor wir aber dieses Drama vor dem Leser entrollen, haben wir den Schauplatz der Handlung und die treibenden Kräfte kennen zu lernen, die dem Drama den Boden bereiteten.

Kapitel I.

Geschichte der Ostseeprovinzen.

I. Politische Geschichte.

Die Geschichte der baltischen Provinzen darf in ihren wesentlichen Umrissen als bekannt vorausgesetzt werden. Sie ist in letzter Zeit in der deutschen Tagespresse häufig rekapituliert worden, nicht immer einwandsfrei, meist im Auszug aus dem Konversations-Lexikon, doch immerhin für die Orientierung des schnellebenden Zeitungslesers genügend. Wir können uns daher mit einer summarischen Übersicht der politischen Geschichte Livlands[1]) begnügen und das Schwergewicht auf die Darstellung der Rechts- und Wirtschaftsgeschichte verlegen.

Die baltischen Provinzen Estland, Livland, Kurland und Ösel umfassen einen Flächenraum von 95 402,3 qkm mit 2 368 115 Einwohnern, entsprechen also an Größe den Königreichen Bayern und Württemberg zusammen (95 383,5 qkm). Die Dichtigkeit der Bevölkerung beträgt 26 Menschen durchschnittlich pro Quadratkilometer, ist also verhältnismäßig gering, was sich durch den Umstand erklärt, daß die Zahl der Städte im Verhältnis zum Flächenumfang des ganzen Landes sehr klein ist.

---

[1]) Vgl. Th. Schiemann, Rußland, Polen und Livland bis ins 17. Jahrhundert. Bd. II. In W. Onken, Allgem. Gesch. in Einzeldarstellungen. II. 10. Berlin 1887. E. und A. Seraphim, Livländische Geschichte. 2. Aufl. Reval 1897 und 1904. A. v. Transehe-Roseneck, Zur Geschichte des Lehnswesens in Livland. I. Riga 1903 u. a.

Die Urgeschichte des baltischen Gebietes ist noch immer in Dunkel gehüllt. Nach den neuesten Forschungen des Dänen Sophus Müller wird die schon früher vertretene Ansicht bestätigt, daß in der ersten Hälfte des ersten Jahrtausends nach Christo auf dem Gebiete, das heute von Est-, Liv- und Kurland eingenommen wird, gotisch-germanische Stämme gesessen haben. Als die ersten deutschen Kolonisatoren ausgangs des 12. Jahrhunderts die Mündung der Düna hinauffuhren, fanden sie an den Dünaufern und an der Meeresküste livische, weiterhin im Lande lettische Völkerschaften vor, die mehr oder weniger in tributärer Abhängigkeit von den russischen Teilfürsten in Polotzk und Pleskau standen. Der Norden war von Esten eingenommen. Diese und die Liven gehören zum finnisch-ugrischen Volksstamme, sind also Mongolen, während die Letten dem lito-slawischen Volksstamme angehören, also Arier sind. Alle diese Völker befanden sich auf einer äußerst niedrigen Kulturstufe und lebten in beständigen Kriegen sowohl untereinander als auch mit den benachbarten Russen und Litauern.

Die deutsche Kolonisation des unwirtlichen, von wilden Heiden bewohnten Landes fand statt unter dem Drucke der mächtigen geistigen und wirtschaftlichen Strömung, die im 12. Jahrhundert die besten Kräfte der deutschen Nation entfesselte. Einerseits der tiefinnerliche Zwang zur Heidenbekehrung, der mystische Drang zur Erwerbung der ewigen Seligkeit, wie er sich in den Kreuzzügen äußert, andererseits das gleichfalls wie ein Naturgesetz wirkende Bedürfnis nach wirtschaftlicher Expansion führte die Scharen niederdeutscher Pilger und Kaufleute in die deutschen Seestädte, wo sie sich zur Kreuzfahrt nach Livland einschifften. Unter dem Banner des Kreuzes wurde die Stadt Riga an der Düna gegründet, entstanden in rascher Reihenfolge die livländischen Bistümer, während im Norden der kühne Dänenkönig Waldemar II. der Sieger, dem Rufe des livländischen Bischofs folgend, in Estland Fuß faßte.

Gleichzeitig stiftete der livländische Bischof Albert einen Ritterorden, die Brüder der Ritterschaft Christi, die nach ihrem Ordensabzeichen gewöhnlich „Schwertbrüder" genannt werden. Dieser Orden, der 1236 in den Deutschorden aufging, trat als Landesherr zu den geistlichen Fürsten und dem König von Dänemark hinzu.

Sämtliche livländische Staaten: die Bistümer, das Ordensgebiet und das dänische Herzogtum Estland, bildeten zusammen eine Föderation, eine Art Staatenbund auf ständischer Grundlage. Seit dem 14. Jahrhundert tritt diese Verfassungsform mit den vier Ständen: Herren, Geistlichkeit, Ritterschaft und Städte immer mehr hervor; das Organ des Staatenbundes ist der livländische Landtag, die Exekutive fällt den Landesherren, insbesondere dem Erzbischof von Riga und dem Orden zu. Zwischen diesen wird Jahrhunderte hindurch ein erbitterter Kampf um die Hegemonie geführt, der schließlich zugunsten des Ordens ausfällt. Staatsrechtlich gehörte Livland zum Heiligen römischen Reiche deutscher Nation. Seit dem Beginn des 13. Jahrhunderts erhielten der Erzbischof von Riga und die Bischöfe von Dorpat und Ösel-Wiek die Belehnung durch den Kaiser und galten als deutsche Reichsfürsten. In einem ähnlichen Verhältnis zum Reiche stand bekanntlich auch der Deutschorden. Nachdem durch den Frieden von Thorn 1466 das preußische Ordensland in Abhängigkeit von der polnischen Krone geraten war, galt der livländische Meister als Reichsfürst; die Regalien erhielt er allerdings erst 1530. Innerhalb der einzelnen sechs livländischen Territorien (Riga, Dorpat, Ösel-Wiek, Kurland, Deutschordensgebiet und Harrien-Wierland) herrscht wie überall im mittelalterlichen Westeuropa das Lehnswesen. In ihm wurzeln sowohl die sozialen und wirtschaftlichen Verhältnisse als auch die spätere Verfassung der einzelnen Landesteile. Hierauf werden wir bei Besprechung der Rechts- und Wirtschaftsgeschichte zurückkommen müssen.

Die großen geistigen und politischen Umwälzungen des 16. Jahrhunderts mußten auch den Bau des livländischen Staatenwesens in seinen Grundfesten erschüttern; um so mehr als es sich hier um Staatenbildungen handelte, die ihr Dasein einer geistigen Idee verdankten, die durch die Reformation ihres wesentlichsten Inhalts beraubt wurde. Der ständisch-republikanische Charakter des livländischen Staatenbundes verhinderte die Säkularisation der Bistümer und des Ordens. Trotzdem daß Ritterschaft und Städte Livlands zu den ersten Ständen Deutschlands gehörten, die sich zu den Lehren Luthers bekannten, erhielt sich die Territorialverfassung Livlands noch über ein Menschenalter. Während das preußische Deutschordensgebiet teils in direkte, teils in indirekte Abhängigkeit von Polen gelangt war, blieb Livland von Polangen bis Narva vollständig unabhängig als ein Glied des Heiligen römischen Reiches deutscher Nation bis zum Jahre 1561. Erst die großen Kriege, die Polen, Schweden und Rußland im 16. Jahrhundert um die Herrschaft über die Ostsee führten, brachten dem livländischen Staatenbunde den Untergang. Ein Blick auf die Landkarte genügt, um die außerordentliche Bedeutung Livlands mit seiner ausgedehnten, vielgegliederten Küste für die Beherrschung der Ostsee zu erkennen. Besonders für das mächtig aufstrebende moskowitische Zartum war der Besitz der livländischen Küste geradezu eine Lebensfrage. Völlig vergeblich waren die Versuche Livlands, seine Selbständigkeit zu bewahren. Es lag auf der Hand, daß die Livländer bei den Nachbarmächten keine uneigennützige Hilfe finden könnten; waren die Nachbarn doch alle am Erwerb livländischen Bodens interessiert. Trotzdem wandten sich die Livländer um Hilfe gegen den russischen Erzfeind an Dänemark, Polen und Schweden, nachdem das ohnmächtige Deutsche Reich seinen Schutz versagt hatte. Aber weder diese von vornherein aussichtslosen Versuche, noch diplomatische Verhandlungen mit den Russen konnten das kommende Unheil abwenden. Der Verzweiflungskampf der Livländer gegen den übermächtigen Feind begann. In entsetzlicher Weise hausten die Russen und Tataren Iwans des Schrecklichen in Livland. In dieser Stunde äußerster Gefahr traten alle Mängel der ständisch-republikanischen Verfassung des Landes zutage: innerer Zwist und Eifersucht der Stände untereinander, die alte Abneigung der Einheimischen gegen die fremdländischen Ordensherren, Mißtrauen gegenüber den Prälaten, Eigennutz der Landesherren. Und zum Unglück des Landes keine bedeutende Persönlichkeit, die wie in früheren Tagen Ritter und Unedle, Städter und Bauern unter der Marienfahne gegen den Feind führen konnte. Die Kraft des Landes verzettelte sich in Einzelkämpfen. Neben Schwäche und Panik Taten beispiellosen Opfermutes und glänzender Tapferkeit. Sehr bald wurde es offenbar, daß das Land ohne fremde Hilfe verloren war. Herren und Stände sahen sich nun darnach um. Wieder ging man an Kaiser und Reich. Die livländischen Stände, erklärte ihr Abgesandter, der Komtur von Dünaburg, müßten, wenn das Reich nicht helfe, „entweder in des Feindes Hände fallen oder bei den nächstgesessenen christlichen Herrschern durch Unterwerfung oder jede andere beschwerliche Bedingung Heil und Erlösung suchen, so ungern sie auch, wie sie vor Gott bezeugten, das tun würden“. Kaiser und Reichstag berieten die Sache in aller Gemütsruhe und Gründlichkeit. Schließlich wurde beschlossen, der Kaiser möge den Zaren beschicken und um Einstellung der Feindseligkeiten ersuchen. Auch sollen die benachbarten Potentaten zur Fürsprache bewogen werden. Endlich soll Livland als Hilfe 300 000 Gulden erhalten. In beweglichen Worten wies der livländische Gesandte darauf hin, daß es sich nicht um papierene Interventionen, sondern um schleunige Entsetzung der schwerbedrängten Reichsuntertanen handele. Es blieb beim Beschluß — der nur in bezug auf die Geldhilfe nicht ausgeführt wurde, da die 300 000 Gulden nicht aufgebracht werden konnten. Das äußerst sanfte und friedfertige kaiserliche Schreiben an den Zaren Iwan wurde von diesem in ironischem Tone beantwortet: er, der Zar, wolle nicht eher ruhen, als bis er die Lande zu Livland unter seine Macht und Gewalt gebracht habe — es sei denn, daß der Kaiser ihm etwas freundlicher schriebe. Die anderen Mächte, mit Ausnahme Dänemarks, beantworteten die Schreiben des Kaisers überhaupt nicht.

Mittlerweile hatte sich das Schicksal Livlands vollzogen. Der „Eckstein und die Vormauer des Heiligen römischen Reiches deutscher Nation" lag am Boden. Was der livländische Gesandte dem Reiche in Aussicht gestellt hatte, mußte nun geschehen; es mußte ein Schutzherr gefunden werden. Hier nun gingen die Ansichten der Herren und Stände weit auseinander. Die einen hielten zum lutherischen Schweden, die andern zum mächtigeren Polen. Verräterischer Eigennutz der Landesherren spielte mit hinein. So zerfiel 1561 der livländische Staatenbund. Der Süden fiel an Polen, der Norden, soweit er nicht von den Russen besetzt war, an Schweden. Das Bistum Ösel-Wiek verschacherte der Bischof Johann von Münchhausen an den Herzog Magnus von Holstein, den Bruder des Königs von Dänemark. Sogar einen König von Livland, eben diesen Magnus, hat es von Gnaden des Zaren eine kurze Zeit gegeben. Aus den Trümmern des zusammenbrechenden

Landes rettete sich der letzte Meister Gotthard v. Ketteler das Ordensgebiet Kurland und Semgallen als Herzogtum unter polnischer Lehnshoheit.

So ging Livland dem Deutschen Reiche verloren.

Die nun folgende Geschichte des Landes ist an die Geschichte der Reiche geknüpft, zu denen die einzelnen Territorien nun gehörten: Polen, Schweden und Dänemark. Der durch Jahrhunderte dauernde Kampf dieser Reiche und des russischen Staates um die Ostsee ist zum größten Teile auf livländischem Boden ausgefochten worden. 1629 im Frieden zu Altmark erhielt Gustav Adolf von Schweden ganz Livland bis zur Düna, mit Ausnahme der Gebiete Marienhausen, Rositten und Dünaburg, die als sog. polnisches Livland bis in die Neuzeit die Schicksale Polens geteilt haben. 1645 fiel auch die Insel Ösel an Schweden, so daß von diesem Zeitpunkte an Estland, Ösel und das jetzige Livland schwedisch waren.

Im Nordischen Kriege ging dieses Gebiet und damit die Großmachtstellung Schwedens verloren. An seine Stelle rückte Rußland, dem sich 1710 die livländischen und estländischen Stände: Ritterschaften und Städte, durch Kapitulation unterwarfen, welche Unterwerfung durch den Nystädter Frieden 1721 staatsrechtlich anerkannt wurde. Das polnische Lehnsherzogtum Kurland blieb bis 1795 bestehen, dann wurde es dem russischen Reiche inkorporiert. Seit diesem Jahre haben die vier baltischen Provinzen das gleiche Schicksal gehabt.

2. Verfassungsgeschichte.

Wenn wir nun an den Versuch herangehen, die Verfassung der Provinzen in kurzen Zügen darzulegen, haben wir im Auge zu behalten, daß die vier Provinzen ihrer geschichtlichen Entwicklung entsprechend verschiedene Verfassungen haben. Die Abweichungen in den Verfassungen Estlands, Livlands und Ösels sind jedoch so geringfügig, daß es erlaubt erscheint, zur Vereinfachung die Verfassung nur einer Provinz, der größten und wichtigsten, nämlich Livlands, darzustellen. Wesentlichere Abweichungen zeigt die Verfassung Kurlands, die besonders behandelt werden muß.

Die livländische Provinzialverfassung[1]) geht in ihren Grundzügen zurück auf den Unterwerfungsvertrag der livländischen Stände mit dem polnischen König Sigismund August, das vielgenannte Privilegium Sigismundi Augusti, vom 28. November 1561, die Magna charta der deutschen Livländer. Diese Urkunde verbürgte dem Lande für alle Zeiten: freie Religionsübung nach der augsburgischen Konfession und deutsche Selbstverwaltung nach eigenem deutschen Rechte.

Der Vertrag wurde von den Polen nicht gehalten. Bereits 21 Jahre später begann der energische Versuch, Livland zu katholisieren und zu polonisieren. Unsägliches Elend brach über das Land herein, das gleichzeitig der Schauplatz ununterbrochener Kriege der Ostmächte war. An einen Ausbau der rechtlichen und wirtschaftlichen Verhältnisse in dieser Periode war nicht zu denken, da Adel, Bürgerschaft und Bauern beständig in Waffen waren, da jeder neue Tag einen Wechsel in Herrschaft und Besitz bringen konnte.

Die religiösen Bedrückungen brachten es dahin, daß der größte Teil des Adels den Schweden als lutherischen Glaubensgenossen zufiel, als diese in den ersten Jahren des 17. Jahrhunderts bis zur Düna vordrangen. Nach der endgültigen

[1]) Vgl. Geschichtliche Übersicht der Grundlagen und der Entwicklung des Provinzialrechts in den Ostseegouvernements. (Herausgegeben von d. Kanzlei S. M.) Petersburg 1845. Deutsche Ausgabe, vgl. auch den Artikel „Die livländische Landesverfassung" im Rigaschen Almanach für 1906.

Okkupation durch die Schweden bestätigte König Gustav Adolf 1629 (18. Mai) die Privilegien des Landes. Es begann nun eine Zeit friedlicher Entwicklung. Neben die Verwaltung des Landes durch einen Statthalter der Regierung (Gouverneur oder Generalgouverneur) trat die ritterschaftliche Verwaltung, der Provinzialstaat (status provincialis), dessen Organe die Landtage, der Ritterschaftshauptmann oder Landmarschall und seit 1643 der Landesrat, ein zuerst aus sechs, dann aus zwölf „Landräten" gebildetes Regierungskollegium, das jetzige Landratskollegium, waren. Daneben bildete sich praktisch ein Ausschuß des alle drei Jahre zusammentretenden Landtages aus, der aus zwölf Kreisdeputierten bestehende Adelskonvent, dem unter Leitung des Landmarschalls und Beratung des Landratskollegiums die Aufgabe zufiel, die wichtigeren Landesgeschäfte zwischen den Sessionsperioden des Landtages zu erledigen oder für den Landtag als Vorlagen vorzubereiten.

Die wichtigsten Aufgaben des Landtags und der andern Organe des Provinzialstaats bestanden in der Fürsorge für die sozialen und wirtschaftlichen Verhältnisse des Landes, in der Verwaltung von Kirche und Schule und in der Besetzung der Justiz- und Verwaltungsämter. Auf diesen Gebieten standen dem Provinzialstaat die Rechte vollständiger Selbstverwaltung zu, insbesondere das Recht der Steuererhebung. Dagegen hatte er nicht das Recht, Gesetze oder verbindliche Verordnungen zu erlassen, sondern nur das Recht der Gesetzesinitiative gegenüber der Staatsregierung.

Das staatsrechtliche Verhältnis Livlands und Estlands zu Schweden kann als eine Art Realunion bezeichnet werden. Eine wirkliche Inkorporation der eroberten Provinzen hatte nicht stattgefunden, ihre Stände waren im schwedischen Reichstage nicht vertreten. Eine Änderung dieses Verhältnisses trat

Ende des 17. Jahrhunderts ein, als König Karl XI., neben Ludwig XIV. der typischste Vertreter des modernen Absolutismus, durch einen Staatsstreich die ständische Verfassung in Schweden stürzte. 1694 (20. Dezember) wurde die ritterschaftliche Verfassung in Livland aufgehoben, nachdem vorher durch die berüchtigten Güterreduktionen der Adel materiell ruiniert worden war, indem über fünf Sechstel des gesamten Grund und Bodens als verfallenes Lehen von der Krone Schwedens eingezogen wurden.

Die mit dieser Vergewaltigung der estländischen und livländischen Ritterschaften im Zusammenhang stehenden politischen Ereignisse gehören der Weltgeschichte an: die Gefangennahme und Verurteilung der livländischen Gesandten in Stockholm, die Flucht ihres geistigen Hauptes Johann Reinhold v. Patkuls, dessen Teilnahme an der Entfachung des großen nordischen Krieges. 1710 stand Peter der Große vor Riga. Stadt und Land mußten nach neunmonatiger Belagerung, durch Hungersnot und Pest dezimiert, „aus extremer Noht und da auch keine gehörige Defension mehr übrig gewesen", kapitulieren. Die livländische Ritterschaft bedang sich in der Kapitulation von 1710 (4. Juli) die Wiederherstellung der früheren Verfassung aus, insbesondere das Recht der freien Religionsübung und der deutschen Selbstverwaltung. Diese Rechte wurden vom Zaren Peter feierlich gewährleistet, auch wurden die von Schweden konfiszierten Lehngüter den Besitzern, sofern sie sich dem russischen Zepter unterwarfen, restituiert.

In Kurland[1]) entwickelten sich die Verhältnisse seit 1561 anders als in den Schwesterprovinzen. In Kurland

---

[1]) Vgl. geschichtliche Übersicht der Grundlagen l. c. A. v. Lieven „Der Landesbevollmächtigte in Kurland", Jahrbuch für Genealogie usw., 1896, Mitau 1898, S. 30 ff.

haben wir zwei Gebiete zu unterscheiden, die staatsrechtlich vollständig gesondert waren: das Ordensgebiet Kurland mit Semgallen und das Bistum Kurland oder Pilten. Kurland mit Semgallen wurde 1561 ein polnischer Lehnstaat. Der letzte Meister des Deutschen Ordens Gotthard v. Ketteler erhielt als Herzog alle die dem Herzog von Preußen vorbehaltenen Würden, Rechte und Freiheiten; er bestätigte und erweiterte seinerseits der Ritterschaft 1562 und 1570 alle bisherigen Rechte und Privilegien, insbesondere allodifizierte er die Lehen. Auf Grundlage dieser Privilegien und späterer Landtagsschlüsse wurde der innere Rechtszustand in Kurland geordnet, wobei die landständischen Verhältnisse im Herzogtum Preußen vorbildlich waren. Als Regierungskolleg fungierten neben dem Herzog vier Oberräte, die der Herzog aus der landsässigen Ritterschaft ernannte, und die zugleich mit vier gelehrten „jüngeren Räten" den obersten Gerichtshof, das Hofgericht, bildeten. Die Oberräte hatten die vollständige Vertretung des Herzogs; auch lag ihnen ob, auf Aufrechterhaltung der Rechte der Ritterschaft zu achten. Diese hatte zunächst als ständigen Vertreter ihrer Interessen am polnischen Hofe einen Ritterschaftshauptmann, dann zwei besonders gewählte Delegierte, an dessen Stelle seit 1712 ein ständiger Delegierter („Korrespondent") trat, dessen Titel später „Landesbevollmächtigter" lautete. Durch die sog. „Regimentsformel" wurde 1617 eine Revision der Verfassung vorgenommen, durch die der Ritterschaft eine ausschlaggebende Stellung angewiesen wurde.

Die Landtagsordnung wurde dahin festgesetzt, daß alle zwei Jahre ordentliche Landtage auf Berufung des Herzogs stattfinden sollten, ferner nach Bedarf außerordentliche Landtage auf Berufung des Herzogs nach Vereinbarung mit den Oberräten. Die Landtage waren Deputierten-Landtage;

jedes der 17 Kirchspiele war mit einer Stimme durch ein oder zwei „Landboten" vertreten, die für die Dauer des Landtags einen Landbotenmarschall wählten. Die Landtagsschlüsse erlangten Gesetzeskraft durch Unterzeichnung des Herzogs, der Oberräte, des Landbotenmarschalls und der Landboten. In außerordentlichen Fällen wurden seit 1712 Virillandtage vom Herzog einberufen, sog. brüderliche Konferenzen, auf denen alle Glieder der Ritterschaft Sitz und Stimme hatten. Ihre Beschlüsse wurden vom Herzog und bei dessen Abwesenheit vom König von Polen bestätigt.

Im Bistum Kurland oder Pilten gestalteten sich die Verhältnisse folgendermaßen. Das Bistum blieb bis 1583 im Besitz des dänischen Herzogs Magnus von Holstein, seit 1579 unter der Oberhoheit Polens, dem das Stift durch den Kronenburger Traktat 1585 von Dänemark abgetreten wurde. Polen verpfändete Pilten dem Markgrafen Georg Friedrich von Brandenburg, in dessen und seiner Gattin Pfandbesitz das Stift bis 1623 blieb, während das Einlösungsrecht 1597 dem Herzog von Kurland eingeräumt wurde, der es aber erst 1656 geltend machen konnte. Seitdem war Pilten mit Kurland in Personalunion verbunden, blieb aber eine besondere Provinz mit eigener Selbstverwaltung. Die Verfassung des Stiftes entsprach derjenigen der übrigen livländischen Territorien. Die Selbstverwaltung lag in den Händen der eingesessenen Ritterschaft; an der Spitze stand ein Landratskollegium; alle drei Jahre fand ein Virillandtag der Ritterschaft statt. Nach der Einverleibung Kurlands in Rußland 1795 blieb Pilten bis 1817 eine besondere Provinz und wurde dann mit Kurland vereinigt. 1819 schlossen die Ritterschaften von Kurland und Pilten einen Vereinigungsakt; seitdem bildet die piltensche Ritterschaft einen Teil der kurländischen.

Das Vorbild des lehnsherrlichen Polen war in politischer und sozialer Hinsicht maßgebend für die kurländischen Herzogtümer; auch diese waren Adelsrepubliken mit einem Fürsten an der Spitze, der von seinen adligen Untertanen als primus inter pares betrachtet wurde. Die Versuche der kurländischen Herzöge, die tatsächliche Gewalt der Herrschaft an sich zu reißen, scheiterten an dem energischen Widerstand der Ritterschaft und mehr noch an der eifersüchtigen Politik Polens. Seit dem Beginn des 18. Jahrhunderts streckte Rußland seine Fangarme nach Kurland aus. Als 1794 der polnische Staat zusammenbrach, fiel Kurland als eine reife Frucht Rußland zu. 1795 entsagte Herzog Peter Biron seinen Rechten, und die Ritterschaften von Kurland und Pilten unterwarfen sich der Kaiserin Katharina II., die ihnen feierlich die freie Ausübung der Religion der Vorfahren und ihre bisherigen Rechte und Vorzüge zusicherte. Seitdem hat Kurland mit den Schwesterprovinzen dieselben Schicksale geteilt.

Die Verfassung der vier baltischen Provinzen entwickelte sich unter russischem Zepter auf den Grundlagen ihrer Unterwerfungsverträge in der oben charakterisierten Weise bis in das 19. Jahrhundert. Die Landtage, auf denen ursprünglich nur der Adel Sitz und Stimme hatte, erweiterten sich auf Beschluß der Ritterschaft zu Versammlungen sämtlicher Eigentümer von Rittergütern, die seit 1866 allen Ständen angehören konnten. Zunächst erhielten die nichtritterschaftlichen Landtagsglieder nur ein Stimmrecht in Besteuerungsfragen (Willigungen), seit 1881 ein Stimmrecht in allen Fragen mit Ausnahme der korporativen Angelegenheiten der Ritterschaft, der Verfassungsänderungen und der Wahlen der Zentral-Landesverwaltung.

In derselben Zeit projektierten die Ritterschaften der vier Provinzen die Teilnahme des bäuerlichen Kleingrundbesitzes an der Landesverwaltung, insbesondere des Steuerwesens, durch eine neue Kreis- und Kirchspielsordnung. Die auf einer baltischen Konferenz vereinbarten und 1885 zur Bestätigung vorgestellten Projekte wurden jedoch von der Staatsregierung ad acta gelegt, da sie ihr als eine separatistische Bestrebung erschienen, die ihrer Politik der Nivellierung und Russifizierung widersprach.

Dieser Politik der Regierung fielen seit Mitte des 19. Jahrhunderts wesentliche Rechte des Provinzialstaates zum Opfer. Vor allem wurde die Religionsfreiheit aufgehoben und die lutherische Landeskirche zu einer bloß geduldeten Sekte herabgedrückt. Seit 1885 wurde dann in schneller Folge alles russifiziert: Kirche und Schule, Gerichte und Verwaltung. Dem Landtag blieb nur die ökonomische Verwaltung des Landes und die Wohlfahrtspflege übrig.

Daneben allerdings behielt er das Recht der Gesetzesinitiative, nach dem Artikel 83 der Verfassung (Ständerecht von 1845): „Alles, was sich auf die Rechte, Interessen und Einrichtungen der Ritterschaft oder auf das Wohl des ganzen Landes bezieht, kann Gegenstand der Landtagsverhandlungen sein." Dieses Recht, die Wünsche des ganzen Landes und seine Bedürfnisse in Form von Anträgen und Gesetzesentwürfen der Regierung vorzulegen, haben die Landtage der vier Provinzen auch in den schwersten Zeiten der Bedrückung unentwegt und unverzagt ausgeübt, ihrer historischen Kulturaufgabe treubleibend. Der starre Geist des Slawismus und der Orthodoxie, der ein Menschenalter hindurch das Rußland Alexanders III. und Pobjedonoszews beherrschte, hat alle solche Versuche zunichte gemacht.

Nachdem die Kundgebung Kaiser Nikolaus' II. vom 12./25. Dezember 1904 erschienen war, die einen Bruch mit dem bisherigen steinernen bureaukratischen System bedeutete, glaubten die Ritterschaften den Zeitpunkt gekommen, Vorschläge zu einem Ausbau ihrer Selbstverwaltung zu machen. Im Mai 1905 traten Vertreter der vier Ritterschaften abermals zu einer „Baltischen Konferenz" zusammen und berieten die Grundzüge einer neuen Provinzialverfassung, die bei organischem Ausbau der bestehenden Verfassungen eine Heranziehung sämtlicher Steuerzahler aller Stände zur Selbstverwaltung berücksichtigte. Die einander übergeordneten Selbstverwaltungskörper: Bezirkstage, Provinzialtage und ihre Organe, sollten aus Vertretern der ganzen, die Landessteuern aufbringenden Bevölkerung bestehen, die Wahlen sollten nach Kurien stattfinden: 1. Rittergüter, 2. Bauernhöfe, 3. mittlerer Grundbesitz ohne Ritterqutsqualität und ländliche Handels- und Gewerbetreibende.

Die Städte sollten entsprechend ihrer Bedeutung direkt im Provinzialtage vertreten sein.

Die Landtage des Großgrundbesitzes bleiben bestehen und behalten ihr Selbstbesteuerungsrecht und das Recht der Gesetzesinitiative, das auch den Provinzialtagen zusteht.

Auf Grund dieser vereinbarten Gesichtspunkte haben die Landtage der vier Ritterschaften im Sommer 1905 eingehende Projekte ausgearbeitet und der Staatsregierung zur Bestätigung vorgestellt.

Gleichzeitig überreichte am 15. August 1905 der livländische Landmarschall dem Kaiser ein Gesuch um Errichtung eines baltischen Generalgouvernements. Diesem Gesuch fügte er Mitte November die Bitte hinzu, daß dem baltischen Generalgouverneur ein Provinzialrat zur Seite gestellt werde, der über alle schwebenden, das Wohl der Provinzen berührenden Fragen Beschlüsse zu fassen hätte, die durch Bestätigung des Generalgouverneurs sofortige Kraft, wenn auch zunächst nur in provisorischer Form, erhalten sollten. Diese Schritte wurden durch eine Denkschrift der livländischen Ritterschaft vom 24. November 1905 unterstützt. Durch kaiserlichen Befehl vom 28. November 1905 wurde ein temporäres baltisches Generalgouvernement errichtet; dem Generalgouverneur sollte ein Konseil aus 18 Vertretern der Stände zur Beratung aller schwebenden Fragen zur Seite stehen. Auf Antrag der Ritterschaften wurden 1906 besonders Provinzialräte aus ständischen Vertretern in jeder einzelnen Provinz eingesetzt, denen die Aufgabe zugewiesen wurde, die Reformprojekte auf den Gebieten der Kirche und Schule, der Verfassung, des Justizwesens und der Agrarordnung als Vorlagen für den Konseil des Generalgouverneurs auszuarbeiten. Die Sitzungen der Provinzialräte der vier Provinzen und des Konseils des Generalgouverneurs haben 1906 und 1907 stattgefunden. Die Heranziehung der Vertreter des Bauerstandes, die großenteils entweder revolutionär gesinnt waren oder unter dem Terror der Revolutionäre standen, hat die Verhandlungen nicht nur nicht gefördert, sondern vielfach behindert; besonders in Estland, wo der Gouverneur Baschilow die radikale Richtung der bäuerlichen Delegierten offen begünstigte. Die Verhandlungen der Provinzialräte haben den vollständigen Beweis dafür erbracht, daß die unter dem Einfluß oder dem Terror der Sozialdemokratie stehende bäuerliche Bevölkerung noch nicht reif zur Selbstverwaltung im größeren Umfange ist und daß das Schwergewicht der politischen und kulturellen Tätigkeit nach wie vor dem deutschen Element zufallen muß, dem es hoffentlich gelingen wird, seinen Idealen der selbstlosen Vaterlandsliebe und der loyalen Gesinnung gegen Kaiser und Reich zum Siege zu verhelfen[1]).

---

[1]) Siehe „Baltische Bürgerkunde" I., Riga 1908, S. 195.

3. Agrargeschichte.

Die Agrargeschichte der Ostseeprovinzen ist durch ein wesentliches Moment von der aller übrigen deutschen Kolonialländer unterschieden: es fehlt die Einwanderung des deutschen Bauern. Dieses Moment ist es, das den deutschen Ostseeprovinzen zu ihrem Schaden den kolonialen Charakter bewahrt hat, während die übrigen ostelbischen Kolonisationsgebiete längst deutsch geworden sind. Der Grund, warum der deutsche Bauer im 13. Jahrhundert nicht nach Livland kam, ist sehr einfach. Livland war im Gegensatz zu den andern Kolonisationsgebieten eine überseeische Kolonie; der Seeweg war die einzige Verbindung mit dem Mutterlande, da das feindliche heidnische Litauen (Samaiten) sich wie ein Keil zwischen Preußen und das halberoberte Kurland schob. An eine friedliche Einwanderung größerer Bauernscharen auf dem Landwege war damals nicht zu denken. Den weiten Seeweg aber scheute der deutsche Bauer. Auch hätten die wenigen Leute, die etwa auf diesem Wege ins Land gekommen wären, die Situation nicht verändert. Wir wissen, daß der Deutschorden den Versuch dazu gemacht hat. Wohl vergeblich. So mußten sich Ritter und Mönche mit den gegebenen Verhältnissen abfinden und auf Germanisierung der neu bekehrten Hintersassen verzichten. Denn eine Entnationalisierung eines auf niedriger Kulturstufe stehenden Volkes ist nur möglich durch eine Fusion mit Elementen anderer Nationalität, die in ihren materiellen Interessen und ihrer ganzen Lebensführung durch keine zu weite Kluft von ihm getrennt sind.

Als später der Landweg nach Livland erschlossen wurde, da hatte die große Kolonisationsbewegung im Mutterlande aufgehört, da gab es keine flämischen und niedersächsischen Bauern mehr, die hätten nach Livland ziehen können. So war das Schicksal Livlands, eine Kolonie zu bleiben, entschieden.

Der koloniale Charakter Livlands ist es, der seiner Agrargeschichte den Stempel aufdrückt.

Wenn wir nun den Versuch machen, die Geschichte der gutsherrlich-bäuerlichen Verhältnisse in großen Zügen darzustellen, muß das Moment des Rassengegensatzes von Herren und Bauern zur psychologischen Erklärung einzelner Entwicklungsphasen stets im Auge behalten werden.

Wir haben oben die Kolonisation Livlands durch deutsche Kreuzfahrer und Kaufleute kurz geschildert. „Entsprechend dem Geiste des 13. Jahrhunderts wurde das ganze Land, das Wittum der Jungfrau Maria, durch die geistlichen Landesherren aufgeteilt und als Lehen kriegstüchtigen Männern vergeben. Das geschah, indem die Landesherren zugunsten der Vasallen, die ihre stehende Heeresmacht darstellten, auf den größten Teil ihrer Hoheitsrechte gegenüber den Eingeborenen verzichteten. Die öffentlich-rechtlichen Leistungen der Eingeborenen wurden allmählich privatrechtliche. Das ganze Land bestand nun aus einer Menge von Grundherrschaften, die zum größeren Teile den ritterlichen Vasallen, zum geringeren Teil unmittelbar den Landesherren unterstanden." Eine Ausnahme machte nur der Deutschorden, dessen Domanium den Lehnsbesitz überwog. Die Grundherrschaften umfaßten eine Anzahl bäuerlicher Dörfer und Höfe und die sie umgebende Wildnis. Der Hof des eingeborenen Hintersassen „blieb in seinem ungestörten erblichen Besitz, an dem er seinem Grundherrn gegenüber die hofrechtliche Gewere hatte, während die grundherrlichen Rechte auf Zehnten, Zins und Dienste als dingliche Last auf dem Hofe ruhten. Als Gerichtsherr hatte der Vasall die Gerichtsbarkeit, mindestens die niedere, also die bürgerliche Gerichtsbarkeit und die niedere Strafgerichtsbarkeit, meist auch die höhere Strafgerichtsbarkeit, das „Recht an Hals und Hand" über seine Hintersassen.

Aus der Gerichtsherrlichkeit erwuchs dem Vasallen das Heimfallsrecht am Hofe des Hintersassen, somit war er nicht berechtigt, ihn einzuziehen. Wollte er sich einen Gutshof (allodium, curia) gründen, so hatte er die dazu nötigen Ländereien entweder von den Eingeborenen zu kaufen oder dem Walde zu entnehmen, der „Wildnis", die in ungeheuren Flächen das unwirtliche Land bedeckte und in den meisten Fällen erst spät abgegrenzt und Privatbesitz wurde"[1]).

Der Übergang aus der Grundherrschaft zur kapitalistisch geleiteten Gutsherrschaft vollzieht sich in Livland vollständig analog, wenn auch schneller und umfassender wie im ostelbischen Deutschland. Aus dem öffentlich-rechtlichen Untertanenverhältnis entsteht allmählich die Erbuntertänigkeit. Die Hintersassen, die sich ihren Verpflichtungen dem Grundherrn gegenüber durch die Flucht zu entziehen suchen, müssen auf Grund staatsrechtlicher Verträge der Landesherren wieder ausgeliefert werden, sie werden an die Scholle gebunden, glebae adscripti. Dieser Prozeß geht in Livland bereits im Laufe des 15. Jahrhunderts vor sich. Die Entwicklung blieb aber bei der Erbuntertänigkeit nicht stehen.

Infolge des Anwachsens der herrschaftlichen Gutsbetriebe und der zunehmenden Geldwirtschaft, vielleicht auch infolge des stärker eindringenden römischen Rechts wurde die Person des Hintersassen immer mehr als bloße Pertinenz des Landes betrachtet. Während der Bauer sich nicht eigenmächtig von der Scholle entfernen durfte, konnte ihn sein Grund- und Erbherr willkürlich von ihr lösen, indem er ihn dorthin setzte, wo das wirtschaftliche Interesse eine verstärkte Arbeitskraft er-

---

[1]) v. Transehe Lehnswesen l. c. S. 25. Vgl. Balt. Monatsschrift, Riga 1897, S. 338, u. H. v. Engelhardt, Beitrag zur Entstehung der Gutsherrschaft in Livland, Leipzig, 1897 passim.

forderte. Das gilt besonders von der Besetzung wüster Bauernhöfe, deren es nach jedem Kriege zahlreiche gab. Andere Untertanen wurden zum Gesindedienst am Herrschaftshofe gebraucht. Der Schollenpflichtigkeit des Bauern stand also kein Recht an der Scholle mehr gegenüber. Der Bauer war Pertinenz der Grundherrschaft, des Gutsbezirkes. Jetzt ging es noch einen Schritt weiter: bei Gutskäufen wurde die für die Wirtschaft nötige Anzahl von Bauern dem Käufer garantiert, nicht selten solche, die zurzeit flüchtig, „verstrichen", waren. Der Verkäufer verpflichtete sich, die „Läuflinge" zu beschaffen. War dieses nicht möglich, so mußte er entweder einen bestimmten Preis pro fehlenden Kopf zahlen oder einen andern brauchbaren Arbeiter stellen. Besaß der Verkäufer noch anderweitig Grund und Boden, so besann er sich nicht lange und gab statt des fehlenden Läuflings einen seiner überflüssigen Untertanen. Nicht nur, daß er diesen von der Scholle löste, er entließ ihn auch aus seiner Erbherrschaft. Der Bauer bekam, ohne daß er gefragt wurde, einen andern Erbherrn. So gewöhnte man sich immer mehr, den Bauer als Sache zu betrachten, die als Arbeitskraft beliebig genutzt werden konnte, und es entwickelte sich gegen Ende des 15. Jahrhunderts die Leibeigenschaft: die Person des Bauern konnte ohne Land veräußert werden.

Allerdings erreichte die Leibeigenschaft nicht ihre strengste Form, insofern als den Bauern die Rechtsfähigkeit zum Eigentumserwerb blieb und als im „peinlichen Prozeß" das Urteil über einen Bauer von dessen Standesgenossen gefunden werden mußte.

Während der bäuerliche Rechtszustand sich derart verschlimmerte, fand ein bedeutender wirtschaftlicher Aufschwung des ganzen Landes statt. Diese beiden Erscheinungen stehen zueinander in einem ursächlichen Zusammenhang, denn die

Entwicklung der kapitalistischen Gutswirtschaft verlangte eine rationellere Nutzung der vorhandenen Arbeitskräfte, als sie das ursprüngliche System des freien, nur in beschränktem Maße zins- und scharwerkspflichtigen Bauernstandes bieten konnte. Nicht nur, daß der Nationalreichtum sich durch die zunehmende Massenproduktion von Getreide für den auswärtigen Handel hob, auch der wirtschaftliche Fortschritt im einzelnen, der Übergang von der rohen Waldbrenn- zur Drei- und Vierfelderwirtschaft und zur Viehzucht wurde nur dadurch möglich, daß der Grund- und Gutsherr direkt in den Wirtschaftsbetrieb seiner Erbbauern eingreifen und gewissermaßen die Vorsehung spielen konnte[1]). So gereichte der in ethischer Hinsicht gewiß bedauerliche Niedergang der bäuerlichen Freiheit dem ganzen Lande zweifellos zum Nutzen.

Wie weit die Bauern selbst an diesem Nutzen teilnahmen, ist eine schwer zu beantwortende Frage, da die Quellen kein klares Bild ergeben, dieses Bild auch dadurch getrübt wird, daß die ungünstigen Rechtsverhältnisse immer in den Vordergrund gestellt werden, besonders in der Darstellung evangelischer Geistlicher, denen die Unfreiheit vom christlich-moralischen Standpunkt aus ein Greuel war. Ich nenne hier den bekannten Chronisten des 16. Jahrhunderts Balthasar Russow, dessen subjektive Darstellung der sozialen Zustände Livlands mit ihrer handgreiflich antipapistischen Tendenz unsere Geschichtsforschung viel zu sehr beeinflußt hat. Derselbe Russow aber bringt ganz unbefangen die Beweise bei für den materiellen Wohlstand des Bauernstandes während der „guten faulen Tage Livlands", wenn er gegen ihr „gräulich Epicurisch Leben" wettert und erzählt, wie sie auf Kirmessen und

[1]) Vgl. G. F. Knapp, D. Landarbeiter in Knechtschaft und Freiheit, 1891, S. 58.

Ablaßfesten bei Bier und Sackpfeifen tage-, ja wochenlang geschwelgt und gejubelt hätten. „Ihr meister Fleiß ist alle Sonntage binnen Landes, insonderheit bei Bauern und Landfreien, gewesen, daß der eine Nachbar zu dem andern, der gut Bier hatte, eine oder zwei Meilen Weges geritten ist und sich da den ganzen Sonntag dazu den Montag guter Dinge gemacht."

Auch sonst betont Russow, welch ein reiches und blühendes Land Livland war, als die Horden der Moskowiter gleich einem Heuschreckenschwarm alles verheerend und verwüstend darüber herfielen. Wir können kaum zweifeln, daß der Bauernstand, der die produktive Bevölkerung des flachen Landes darstellte, sich damals in auskömmlichen materiellen Verhältnissen befand, und daß auch in Livland wie im Mutterlande die Leibeigenschaft bei aller im juristischen Sinne zweifellosen Härte einen patriarchalischen Charakter gehabt hat.

Die durch Jahrzehnte wütenden Kriege machten dann das blühende Land zur Wüste und brachten Adel und Bauernstand an den Bettelstab. In dieser Periode, der zweiten Hälfte des 16. Jahrhunderts erreichte die Leibeigenschaft ihren größten Tiefstand. Nur die Zeit des nordischen Krieges (1700—1711) ist ihr an die Seite zu stellen. Die Versuche der polnischen Regierung, die agraren Zustände zu heben, beschränkten sich auf fiskalische Maßregeln. Die von König Stephan Bathori 1582 geäußerten Absichten, die rechtliche Lage der livländischen Leibeigenen zu verbessern, sind nicht ernst zu nehmen, wenigstens wurde kein Versuch gemacht, auf den königlichen Domänen und den zahlreichen kaduzierten Lehen die Rechtsverhältnisse der Bauern zu regeln. Im Gegenteil: die Normierung der bäuerlichen Leistungen an die Herrschaft dienten nur dazu, die Steuerschraube fester anzuziehen. Charakteristisch ist der Haß, der allenthalben in Livland nicht nur von den Deutschen, sondern auch von den Undeutschen, den polnischen Beamten entgegengebracht wurde[1]).

Wenn uns diese Haltung der polnischen Regierung, die in ihrer Heimat die Leibeigenschaft in ihrer vollsten Ausdehnung duldete, nicht weiter wunder nehmen kann, so erscheint es einigermaßen überraschend, daß auch die Schweden, die bei sich nur einen freien Bauernstand kannten, das gutsherrlich-bäuerliche Verhältnis in den ihnen 1561 und 1584 zugefallenen Teilen Livlands und Estlands nicht änderten, obwohl die Könige Erich XIV. (1560—68) und Johann III. (1568—92) Anläufe dazu gemacht haben[2]). Die Erklärung hierfür darf nicht allein in fiskalisch-egoistischen Erwägungen gesucht werden; es ist vielmehr anzunehmen, daß die schwedischen Machthaber sich sehr bald durch die Praxis davon überzeugten, daß das Leibeigenschaftsverhältnis, auf dem Papier zwar hart und dem menschlichen Empfinden widerstrebend, im Leben dagegen durch seine ausgesprochen patriarchalische Färbung viel von seinen Schrecken verlor.

Dafür, daß die livländischen Erbherren keineswegs die Absicht hatten, auch in jenen jammervollen Zeiten den „armen Bauersmann" zum Sklaven herabzudrücken, dafür ließen sich zahlreiche Beispiele anführen. Insbesondere ist hervorzuheben, daß das Recht der Leibeigenen zum Vermögenserwerb auch in den wirtschaftlich schlimmsten Zeiten fortbestanden hat, ja öffentlich-rechtlich auf dem Landtage zu Wenden 1598 (15. Januar) anerkannt worden ist. Es heißt im Transakt der Ritter- und Landschaft mit den Städten Riga, Dorpat und Pernau: „Bei adeligen Eren wird bewilliget und eingegangen,

[1]) Vgl. A. Tobien, Die Bauernbefreiung in Livland in den Festgaben für F. J. Neumann. Tübingen 1905. S. 8.

[2]) Vgl. A. v. Gernet, Die estländischen Agrarverhältnisse. 1897. S. 16.

daß sie samt und sonderlich, vermöge der alten Huldigungsbriefe, Rezesse und Landesgebräuche hinfüro ihre Bauern und Untertanen all' ihr übrig Korn und andere Waren, das sie über ihre geleistete Pflicht und Schuld erworben, frei und unverhindert nach den Städten und ihre Notdurft wiederum davon führen lassen"[1]).

Die schwedische Regierungszeit veränderte am Rechtszustande der Bauern wenig. Die bisherige „uneigentliche" Leibeigenschaft blieb bestehen. Nur die Halsgerichtsbarkeit der Erbherren wurde aufgehoben (1630). Dagegen aber besserte sich andauernd der materielle Zustand sowohl durch die friedlicheren Zeiten als auch durch die wirtschaftspolitischen Maßnahmen der Regierung. Wir haben oben von der absolutistischen Politik König Karls XI. gesprochen, die in den berüchtigten Güterreduktionen ihren Ausdruck fand. Wie König Ludwig XIV. durch die Réunions, so führte Karl XI. von Schweden durch die Güterreduktionen der königlichen Gewalt einen ungeheueren Zuwachs an Macht zu. Alle Lehen, bei denen angeblich die Mutung versäumt worden war, also die Investitur des Lehnsträgers nicht stattgefunden hatte, wurden kaduziert. Da nun bei den livländischen Lehen in der Zeit vor der schwedischen Eroberung zum Teil die Investitur nicht mehr erforderlich gewesen war, und da ferner von den schwedischen Herrschern unzählige Lehen ohne jede Beschränkung verschenkt worden waren, so traf die Maßregel Karls XI. Livland auf das härteste. Ungefähr fünf Sechstel aller adeligen Güter wurden von der Krone eingezogen. Auf diesem ungeheueren Domanialbesitz wurde in den Jahren 1687—93 durch eine sorgfältige Katastrierung und Festlegung der bäuerlichen

---

[1]) Rezeß, abgedruckt bei C. G. v. Ziegenhorn, Staatsrecht der Herzogthümer Curland und Semgallen. 1772. Beil. Nr. 92.

Lasten ein wirksamer Bauernschutz durchgeführt, der auch den adeligen Gütern zugute kam. Die Aufhebung der Leibeigenschaft erfolgte jedoch auch in diesem Zeitpunkt nicht, weder in Livland und Estland noch in Schwedisch-Pommern[1]), ein schlagender Beweis dafür, daß die schwedische Regierung in diesem Rechtszustand als solchem keine Gefahr für den Bauernstand erblickte.

Es traten aber nun Verhältnisse ein, die die Lage der Bauern sehr verschlimmerten: zunächst drei vollständige Mißjahre, dann die Greuel des Nordischen Krieges. Was der Dreißigjährige Krieg für Deutschland, das war der Nordische Krieg für Livland. Als Peter der Große die Herrschaft an der Ostsee antrat, da war das einst so blühende Land, „die Kornkammer Schwedens", eine Wüste. Es sei hier an die bekannte Äußerung des russischen Feldmarschalls Scheremetjew erinnert, der das Fazit seiner Tätigkeit in dem lakonischen Bericht zusammenfaßte: „Ich habe alles zerstört." Estland und Livland gehörten nun zum russischen Reiche, das damals von westeuropäischer Kultur so gut wie unberührt war, wo vor allem die Bauern im vollsten Umfang leibeigen, d. h. ganz und gar rechtlose Sklaven, waren. Es bedarf keines besonderen Hinweises, daß dieser Umstand auch auf die gutsherrlich-bäuerlichen Verhältnisse in Est- und Livland rückwirken mußte. Von irgendeiner staatlichen Fürsorge für die Bauern war nicht die Rede. Die Regelung dieser Verhältnisse blieb vielmehr den autonomen Provinzen vollständig überlassen; die Regierung begnügte sich damit, das Steuermaß zu erhöhen, was in letzter Linie die bäuerliche Bevölkerung treffen mußte. Es fand mithin eine Erhöhung der bäuerlichen Lasten und

---

[1]) Vgl. K. J. Fuchs, Der Untergang des Bauernstandes ꝛc. in Neuvorpommern und Rügen. 1888. S. 126.

dadurch eine Verschlimmerung des materiellen Zustandes statt. Der Rechtszustand blieb der der bedingten Leibeigenschaft. Auch in den schlimmsten Zeiten durften die Bauern eigentümliches Vermögen erwerben[1]). Die Leibeigenschaft, d. h. die persönliche Unfreiheit der Bauern, blieb auch in Est- und Livland wie in den deutschen „Adelsrepubliken" Holstein, Mecklenburg und Neuvorpommern im wesentlichen nur eine „Schmarotzerbildung an dem Baume der Erbuntertänigkeit", wie Knapp das so geistreich definiert hat[2]). Auch in Livland war „die wirkliche Grundlage der damaligen wirtschaftlichen Verfassung nicht die Leibeigenschaft im Sinne der Sklaverei, sondern die Erbuntertänigkeit und die Fronpacht". Die Leibeigenschaft war auch hier im Gegensatz zu Rußland eine wesentlich agrarische Einrichtung. „Der deutsche Junker" — sagt Knapp treffend — „lebt nicht wie der russische Adlige von seinen Leuten, sondern er lebt von seinem landwirtschaftlichen Betriebe und hat seine Leute nur soweit geknechtet, als es für den landwirtschaftlichen Betrieb nötig ist."

Interessant ist es und aus dem patriarchalischen Charakter dieses Leibeigenschaftsverhältnisses zu erklären, daß im 18. Jahrhundert ganz wie im deutschen Osten, besonders in Schleswig-Holstein[3]), einzelne Gutsherren ihren Bauern eine besondere Verfassung unter Aufhebung der Leibeigenschaft erteilten. Unter diesen sog. Bauernrechten sei hier das bekannteste erwähnt, das der Freiherr Schoultz v. Ascheraden 1764

---

[1]) Vgl. A. v. Transehe-Roseneck, Gutsherr und Bauer in Livland im 17. und 18. Jahrhundert. Straßburg. 1890. S. 146 ff. Für Kurland vgl. Ziegenhorns Staatsrecht l. c. § 661, auch 635. Vgl. auch die Statua Curlandica von 1617, § 58.

[2]) Landarbeiter l. c. S. 27.

[3]) Vgl. G. Hanssen, Die Aufhebung der Leibeigenschaft in Schleswig und Holstein. 1861. S. 33 ff.

den Bauern seiner Güter Ascheraden und Langholm erteilte[1]).

Derartige Versuche, den Rechtszustand der Bauern zu heben, blieben jedoch bis gegen Ende des 18. Jahrhunderts vereinzelt. Erst dann brachte die Aufklärungsperiode die schlummernden Keime zur Reife; der herrschenden Vorstellung von der Geltung der allgemeinen Menschenrechte erschien die persönliche Unfreiheit des Bauern unerträglich. Es bildete sich eine starke Partei unter dem est- und livländischen Adel, die gegen die bestehenden Schranken der bäuerlichen Freiheit Sturm lief. Hierbei hatte sie nicht nur gegen die konservative Masse ihrer Standesgenossen, sondern namentlich auch gegen das völlige Unverständnis der russischen Regierung zu kämpfen.

Die Einschränkung des Handels mit Bauern widerspräche, erklärt die Regierung 1797, „dem freien Commercio und der freien Kommunikation, sie vermindere die Konkurrenz der Käufer und drücke den Preis der Bauern herab" [2]).

Erst der Regierungsantritt Alexanders I. veränderte die Sachlage zugunsten der Reformen. Die auf dem Landtage von 1803 [3]) von der livländischen Ritterschaft beschlossene Bauernverordnung von 1804 hob die Leibeigenschaft in Livland auf und ersetzte sie durch eine Gutsuntertänigkeit, die milder war als die damals in Preußen herrschende. Der Bauer blieb zwar an die Scholle gefesselt und war fron- und abgabenpflichtig, doch erhielt er nicht nur das Recht, Grundeigentum zu erwerben, sondern auch, was bei den herrschen-

---

[1]) Bekannt unter dem falschen Namen „Ascheraden-Römershofsches Bauernrecht"; im lettischen Urtext heißt es Ascheraden-Langholmsches Bauernrecht.

[2]) Vgl. A. Tobien, Die Agrargesetzgebung Livlands im 9. Jahrhundert. 1899. S. 123.

[3]) Vgl. ibid. S. 107 ff.

den wirtschaftlichen Verhältnissen ungleich wichtiger war, ein unentziehbares erbliches Nutzungsrecht an seinem Hofe mit festgemessenen, am Hofe als Reallast haftenden Pflichten und war vom Zwangsgesindedienst befreit, unterlag keinem Heiratszwang und hatte Sitz und Stimme in den Gerichten [1]).

Hiermit war der erste bedeutsame Schritt zur Bauernemanzipation getan. Die Bauernverordnung von 1804 schuf also einen Zustand, der die Krönung des patriarchalischen Regimes, wie es bisher gegolten hatte, darstellte, indem das Verhältnis zwischen Gutsherrn und Bauern vom Gesichtspunkt der Notwendigkeit einer beständigen gerechten und väterlichen Bevormundung aufgefaßt wurde.

Die Bauernverordnung von 1804 enthielt alle Keime eines gedeihlichen Überganges der Bauern von der Unfreiheit zur Freiheit; doch hafteten ihr auch alle Schwächen an, die der Periode „merkantilistischer Verachtung und Bevormundung des wirtschaftlichen Verkehrs" eigen waren. Im Bestreben, dem Bauer das Recht am Boden zu gewährleisten und ihn vor jedem willkürlichen Drucke des Grundherrn zu schützen, wurde das öffentlich- und privatrechtliche Abhängigkeitsverhältnis des Bauern vom Grundherrn bis in das kleinste Detail hinein durch feste Normen umschrieben. Die Bauernhöfe wurden katastriert und die Leistungen an Gehorch und Abgaben genau dem Bodenwert entsprechend im Urbar, dem sog. Wackenbuche, festgelegt. Andererseits wurde die landlose Bevölkerung zu den landbesitzlichen Bauern gleichfalls in ein festes Verhältnis gebracht, indem jedem Bauernwirt entsprechend der Höhe seiner wackenbuchmäßigen Verpflichtungen die erforderlichen Knechte zugewiesen wurden, denen ihrerseits ein bestimmter Lohn zugesichert wurde. Das ganze

[1]) Vgl. Transehe, Gutsherr und Bauer. l. c. S. 219ff.

wirtschaftliche Leben bewegte sich also in festen Normen, die ihre Basis in den Wackenbüchern hatten.

Sehr bald mußte eine derartige Einengung der wirtschaftlichen Bewegungsfreiheit als ein unerträglicher Zwang empfunden werden, besonders von den Gutsherren und den landlosen Bauern. Die Gutsherren konnten nicht daran denken, von der bisher herrschenden primitiven Dreifelderwirtschaft zu einem andern Wirtschaftssystem überzugehen, da die ihnen zu Gebote stehenden Arbeitsleistungen genau bemessen und für lange Zeit hinaus unveränderlich waren, wodurch sowohl intensivere Bearbeitung der vorhandenen Gutsländereien, der Hofesfelder, als auch deren Vergrößerung, rationeller Wiesenbau usw. ausgeschlossen waren. Die landlosen Bauern wurden durch das Gesetz von 1804 zu einer besondern sozialen Klasse, die wegen der für sämtliche Bauerhöfe anerkannten Erblichkeit vom Aufrücken in den nunmehr geschaffenen Stand der Ackerbauern, also von jeder sozialen und wirtschaftlichen Verbesserung so gut wie ausgeschlossen waren.

Doch litten auch die Hofbesitzer, die sog. Bauernwirte, durch das Gesetz von 1804, da ihnen eine ihrem Besitz entsprechende Anzahl von Knechten zu bestimmten Löhnen als Arbeitskraft zugewiesen war ohne Rücksicht auf die individuellen Eigenschaften des einzelnen, so daß sie sich mit den gebotenen Arbeitsleistungen wohl oder übel zufriedengeben mußten.

Endlich konnte keine Konsolidierung der einzelnen Wirtschaftseinheiten durch Zusammen- oder Streulegung vorgenommen werden, da sowohl die gutsherrlichen Äcker als auch die Bauernhöfe ihrem Umfange nach fest umgrenzt waren.

Somit wirkte die Bauernverordnung von 1804 in wirtschaftlicher Hinsicht wie ein Hemmschuh, was um so mehr empfunden wurde, als sich damals die Überzeugung von der

Notwendigkeit des Übergangs von der altmodischen Drei- oder Vierfelderwirtschaft zu einem Fruchtwechselsystem mit Kleebau immer mehr Bahn brach.

Trotz dieser schwer empfundenen Mängel hätte die Bauernverordnung von 1804 vielleicht noch lange zu Recht bestanden oder wäre vielleicht — was am glücklichsten gewesen wäre — zunächst nur im Sinne wirtschaftlicher Bewegungsfreiheit emendiert worden, wenn nicht andere Einflüsse sich geltend gemacht hätten, um sie zu Fall zu bringen.

Die Westeuropa damals überflutenden Ideen von den allgemeinen Menschenrechten und die manchesterlichen Doktrinen von der unbeschränkten wirtschaftlichen Konkurrenz hatten auch in den Ostseeprovinzen bei der jüngeren Generation Boden gefaßt. Besonders war es aber Kaiser Alexander I., der ganz wie seine Großmutter Katharina II. in den Ostseeprovinzen ein Gebiet sah, wo mit freisinnigen Ideen experimentiert werden könne, und der deswegen mit allen liberalen Reformen in den Ostseeprovinzen auf das wärmste sympathisierte. Auch scheint es in Alexanders Plan gelegen zu haben, den Ostseeprovinzen im Sinne der Dezentralisation eine besondere Entwicklung zu geben [1]). Bei dem ungeheueren geistigen Einfluß, den die Persönlichkeit Alexanders I. auf seine Zeitgenossen ausübte, bei dem Druck, den der monarchische Wille außerdem zu allen Zeiten und in allen Ländern auszuüben pflegte, war es um so begreiflicher, daß die modernen Ideen, denen ein Teil der jüngeren Generation huldigte, nunmehr zum Siege gelangten.

Dieses geschah zuerst in Estland, wo seit 1798 die Ritterschaft eine Emanzipation der Bauern angestrebt hatte. Die

[1]) Vgl. Th. Schiemann, Gesch. Rußlands unter K. Nikolaus I. Bd. I. Alexander I., Berlin 1904 S. 495; vgl. Tobien, Bauernbefreiung, S. 41.

estländische Reformbewegung war durch die livländische Bauernverordnung von 1804 gewissermaßen überholt worden. Die estländische Ritterschaft wurde nun durch den Willen des Kaisers zum Fortschreiten gedrängt. Bei den zutage getretenen Mängeln des Gesetzes von 1804, besonders aber in Erwägung der sehr bedeutenden Kosten, die die Neukatastrierung alles Nutzlandes in Livland verursachte, schreckte sie verständlicherweise vor der Annahme der Grundsätze von 1804, die Alexander zunächst forderte, zurück und entschloß sich, eine Regelung der gutsherrlich-bäuerlichen Verhältnisse auf dem Boden der freien Konkurrenz aller wirtschaftlichen Kräfte vorzunehmen. Sie beschloß 1811 die persönliche Freiheit und Freizügigkeit der estländischen Bauern.

Was den bäuerlichen Besitz betrifft, der bisher ein lassitischer mit ungemessenen Leistungen an den Gutsherrn gewesen war, so sollte er fürderhin, bei ausdrücklicher Anerkennung des Eigentumsrechts des Gutsherrn, von den Bauern auf Grund freier Vereinbarung mit dem Gutsherrn genutzt werden. Die estländische Ritterschaft war mithin in bezug auf den persönlichen Zustand der Bauern sozusagen ultra petita des Kaisers gegangen. Dieser — dem die wirtschaftspolitische Frage erst in zweiter Linie stand, der außerdem gleichfalls von der Vortrefflichkeit der manchesterlichen Doktrin des „laissez faire, laissez aller" überzeugt war, nahm die Vorschläge der estländischen Ritterschaft mit größter Genugtuung auf. „Ich ersehe," so schreibt er am 31. März 1811, „daß der estländische Adel bei seinem Vorhaben bloß von dem reinen Wunsch des wahren Wohles für die gutsherrlichen Bauern geleitet wird und daß die allgemeinen Grundsätze sich als bar aller verdächtigen Gesichtspunkte des Eigennutzes darstellen" [1].

[1]) Vgl. Tobien, Agrargesetzgebung, l. c., S. 301.

Die vom Kaiser bestätigten Vorschläge führten zur estländischen Bauernverordnung von 1816, die alsbald vorbildlich für die Nachbarprovinzen wurde.

In Kurland hatten sich die gutsherrlich-bäuerlichen Verhältnisse seit Auflösung des livländischen Staatenbundes (1561) abweichend von Livland und Estland entwickelt. Wir haben oben die getrennten politischen Schicksale Kurlands und die abweichende Entwicklung seiner Verfassung geschildert. Wir haben gesehen, daß diese einen republikanischen Charakter trug und daß es den Herzögen nicht gelang, die tatsächliche Gewalt zu erlangen.

So war der Einfluß der Staatsgewalt auf die Entwicklung der bäuerlichen Verhältnisse auf den adeligen Gütern beschränkt auf das Vorbild, das die zahlreichen Domänen, die etwa ein Drittel des ganzen Landes umfaßten, abgaben. Die aus der Ordenszeit übernommene Leibeigenschaft blieb bestehen, doch war sie in Kurland infolge der unvergleichlich friedlicheren Zustände weniger drückend als in Livland und Estland. Eine irgend einschneidende Veränderung dieser patriarchalischen Leibeigenschaft, wie man diesen juristisch schlimmen, tatsächlich durchaus erträglichen Zustand der bäuerlichen Unfreiheit nennen kann, fand in Kurland während der folgenden Jahrhunderte bis zur völligen Aufhebung der Leibeigenschaft nicht statt.

Nachdem 1804 in Livland die Leibeigenschaft in Erbuntertänigkeit umgewandelt worden war und 1811 die estländische Ritterschaft den Vorschlag gemacht hatte, ihren Bauern die Freizügigkeit zu erteilen, wünschte Kaiser Alexander auch in dem seit 1795 mit Rußland vereinigten Kurland die Bauernbefreiung in Angriff genommen zu sehen. 1814 verlangte er kategorisch, daß ihm Vorschläge in dieser Richtung gemacht würden. Die kurländische Ritterschaft sah sich nun genötigt, zwischen den Grundsätzen des livländischen Gesetzes von 1804 und den estländischen Vorschlägen von 1811 zu wählen. Nachdem letztere 1816 zum Gesetz erhoben und die begeisterte Billigung des Monarchen gefunden hatten, konnte die endgültige Entscheidung der kurländischen Ritterschaft nicht zweifelhaft sein. Der Landtag von 1817 entschied sich mit erdrückender Majorität für die Annahme der estländischen Grundsätze.

So drängte alles dazu, auch in Livland den Bauern die Freizügigkeit zu erteilen. Der Landtag von 1818 tat diesen Schritt. Die livländische Bauernverordnung von 1819 brach vollständig mit den Prinzipien des Gesetzes von 1804, so vollständig, daß die großen Errungenschaften dieses Gesetzes: das Recht am Boden und die gemessenen Pflichten der Bauern, der manchesterlichen Theorie von der unbeschränkten wirtschaftlichen Konkurrenz zum Opfer fielen. Das Landvolk war — wie eine stets wiederholte Phrase jener Zeit lautete — zu freien Staatsbürgern erhoben worden, d. h. nüchtern gesprochen: die Bauern erhielten das Geschenk der Freiheit, verloren aber ihr erbliches Nutzungsrecht an den Bauernhöfen. An Stelle des patriarchalischen Verhältnisses zwischen Gutsherrn und Hörigen mit seinem ausgedehnten Bauernschutz trat der freie Vertrag zwischen Arbeitgeber und Arbeitnehmer. Die Resultate dieser unter der Herrschaft der liberalen Phrase zustande gekommenen Gesetzgebung entsprachen keineswegs den hochgespannten Erwartungen. Was in Westeuropa mit seiner entwickelten Geldwirtschaft und seinem in kultureller Beziehung relativ hochstehenden Bauerstande vielleicht segensreich gewirkt hätte, das paßte nicht auf die livländischen Verhältnisse. Die persönliche Freiheit konnte keinen Nutzen bringen, wo die wirtschaftliche Unfreiheit noch herrschte. Auch hier zeigte sich wieder einmal, daß jede soziale und wirtschaftliche

Entwicklung sich allmählich und nicht sprunghaft vollziehen muß.

Die von der großen Masse so sehr gepriesene Freilassung der Bauern erwies sich als ein Mißgriff, unter dem die Folgezeit schwer zu leiden hatte. Allerdings waren die alle wirtschaftliche Entwicklung einengenden Bande des Bauerngesetzes von 1804 gesprengt, und die Gutsherren konnten von der alten Dreifelderwirtschaft zu neuen Wirtschaftsformen übergehen, doch geschah dieses bei der absoluten Herrschaft des Fronsystems durch Verschärfung der Hand- und Spanndienste, die die Bauern für die Nutzung ihrer Höfe zu leisten hatten, und durch Bauernlegen. Hierdurch entstand eine gesteigerte Nachfrage nach Landarbeitern, die um so schwerer zu befriedigen war als die Knechtsbevölkerung von der neu erlangten Freizügigkeit am meisten Gebrauch machte. Die durch diese Nachfrage erhöhten Knechtslöhne erschwerten die Wirtschaft der Bauern und veranlaßten sie zur rücksichtslosen Aussaugung des Bodens. Noch einschneidender wirkte aber in dieser verderblichen Richtung der Umstand, daß an Stelle der durch das Gesetz von 1804 geschaffenen Erbpacht nunmehr die kurzbefristete Zeitpacht trat; ein Nutzungssystem, das bei einer unentwickelten bäuerlichen Bevölkerung notwendig zur Aussaugung des Bodens und in weiterer Folge zur Verarmung der ganzen landbebauenden Bevölkerung führen mußte, um so mehr, als auch der gesetzliche Bauernschutz durch die freien Menschenrechte verdrängt war. Das bestehen gebliebene Recht, Grundeigentum zu erwerben, war unter solchen Umständen illusorisch. Wie gering die volkswirtschaftliche Einsicht jener Zeiten war und wie sehr auch die besten und wohlwollendsten Absichten durch den Bann der doktrinären Ideen der sog. Aufklärungsperiode gehemmt wurden, beweist der Umstand, daß die vier Ritterschaften noch 1833 den Standpunkt vertraten: die Erbpacht würde die Gleichheit der Rechte aller Glieder des Bauernstandes aufheben, weil sie einen Teil des Landvolkes der Möglichkeit beraube, Land zu pachten [1]). Erst gegen Ende der dreißiger Jahre trat ein Umschwung in den Anschauungen ein. Der livländische Landtag von 1842 sprach sich ausdrücklich für die Bevorzugung der Erbpacht aus [2]) auch schränkte er das Prinzip der freien Vereinbarung wesentlich ein, indem er die 1804 und 1809 festgesetzten Regulative der bäuerlichen Leistungen, die Wackenbücher, die 1819 außer Kraft gesetzt worden waren, als obligatorische Norm für die Pachtverträge anerkannte. Die wichtigste Bestimmung dieses Landtages bestand aber darin, daß ein bestimmter Teil des Gutsgebietes vom Gutsherrn nicht eingezogen werden dürfe, sondern ausschließlich der Benutzung der Glieder der Bauerngemeinde überlassen werden müsse. Der Übergang von Pachthöfen in bäuerliches Eigentum, der seit 1804 zwar möglich war, mangels eines vermittelnden Kreditinstitutes aber nur geringe Fortschritte gemacht hatte, wurde nun in den folgenden Jahren durch Errichtung einer livländischen Bauernrentenbank und besonders durch Heranziehung der bereits 1802 gegründeten Livländischen Adeligen Güterkreditsozietät (Landschaft) in Angriff genommen [3]).

Alle Versuche zu einer wirtschaftlichen Hebung des Bauernstandes stießen aber an eine gewaltige Schranke: das Fronsystem. Denn auch die freien Pachtverträge basierten bei der unentwickelten Geldwirtschaft auf Frone. Daß zunächst diese Schranke fortgeschafft werden müsse, das wurde den livländi-

---

[1]) Vgl. Tobien, Agrargesetzgebung l. c. S. 434.

[2]) Vgl. Tobien, Beiträge zur Geschichte der livl. Agrargesetzgebung. Balt. Mon. Bd. 28, 1881, S. 708 ff.

[3]) Vgl. Tobien, Beiträge l. c. Balt. Mon. Bd. 29, 1882, S. 107 ff.; ders., Bauernbefreiung, l. c. S. 38 und Frh. H. v. Engelhardt „Zur Geschichte der Livl. Adl. Güterkreditsozietät". Riga, 1902, S. 120 ff.

schen Gutsherren immer klarer, in ihr lag die Hauptursache des Verfalls der Bauernwirtschaften; erst wenn die weggeräumt wurde, konnte der Bauer zu wirtschaftlicher Selbständigkeit erstarken, erst dann konnte er den bedeutsamen Schritt von Pacht zu Eigentum tun. Doch nicht mit einem Schlage sollte die Frone abgeschafft werden; das hätte bei der vorherrschenden Naturalwirtschaft und bei der ökonomischen Unreife der Bauern verhängnisvoll werden und die ganze Entwicklung unterbrechen können. So beschloß der livländische Landtag 1847 die Abschaffung der Frone durch einen allmählichen Übergang von der sog. Fronpacht zur Geldpacht[1]). Die Resultate dieser Reformen der vierziger Jahre: die Einräumung eines unentziehbaren Nutzungsrechtes am sog. Bauernlande, dem steuerpflichtigen Teile des Gutsgebietes, die Beförderung des bäuerlichen Grundeigentums und die allmähliche Abschaffung des Fronsystems wurden in den Bauernverordnungen von 1849 und 1860 niedergelegt nach Überwindung zahlreicher Hemmnisse, die dem Agrarwerk durch Verständnislosigkeit und Bureaukratismus der Staatsregierung in den Weg gestellt wurden. Die Landtage von 1864 und 1865 beschlossen die gänzliche Aufhebung der Frone; als Termin wurde St. Georg 1868 gesetzt. Es erwies sich, daß zu diesem Termin bloß 1,4 % aller Pachtverträge reine „Fronpacht" und 3,6 % „gemischte Pacht" ausmachten; 95 % aller Pachtverträge basierten bereits auf reiner Geldpacht.

Nachdem auf diese Weise bereits in den fünfziger und sechziger Jahren des 19. Jahrhunderts sich allmählich der Übergang von Fronpacht zu Geldpacht und damit im Zusammenhang von Natural- zu Geldpacht vollzogen hatte, nahm der

---

[1]) Vgl. Tobien, Beiträge usw., l. c. Bd. 29, 1882, S. 81 ff., und O. Müller, Die Livl. Agrargesetzgebung, 1892, S. 39 f.

Verkauf des verpachteten Bauernlandes an die Bauern ein beschleunigtes Tempo an. In den weitaus meisten Fällen kauften die bisherigen Pächter, denen gesetzlich ein Vorkaufsrecht zugesichert war, ihre Pachthöfe. Im Jahre 1823 waren 12, im Jahre 1860 erst 288 Bauernhöfe verkauft worden; dann stieg die Verkaufsziffer bedeutend; im Jahre 1873 wurden 1676 Bauernlandgerinde mit 85 071 ha verkauft. Zurzeit (1906) sind bereits 88,63 % des Bauernlandes aller Rittergüter und 91 % des Bauernlandes der Rittergüter, die Privatpersonen gehören und nicht fideikommissarisch gebunden sind, verkauft.

Diese ganze für die Konsolidierung des Bauernstandes so überaus wichtige Entwicklung ging vor sich, ohne daß die Beihilfe des Staates in Anspruch genommen wurde. Weder fand eine Zwangsablösung der Grundlasten statt, noch gab der Fiskus irgend welche Mittel her für die außerordentlich kostspielige Auseinanderlegung der bäuerlichen Wirtschaften[1]) oder für die den Käufern gewährten Darlehen.

Über den Verkauf des Bauernlandes in Livland wird im nächsten Kapitel noch eingehender gehandelt werden.

Gleichzeitig mit der Begründung eines „Leihezwanges", d. h. der Verpflichtung der Rittergutsbesitzer, einen bedeutenden Teil des Gutsgebietes ausschließlich bäuerlicher Nutzung zu überlassen, wurde durch die Reformen des 19. Jahrhunderts eine Festigung des bäuerlichen Grundbesitzes durch Normierung eines Mindestmaßes für den Umfang resp. den Wert der Bauernhöfe vorgenommen.

---

[1]) Die Kosten sind von einem ausgezeichneten Kenner der Bauernverhältnisse Rußlands, der Erhebungen für die sog. Wittesche Agrarkommission in ganz Rußland anstellte, für Livland auf ca. 3 Rbl. pro Hektar veranschlagt worden. Vgl. A. Kofoed, „Bauernhöfe auf zugeteiltem Lande". I., St. Petersburg, 1905 (russ.).

Schon im Bauernrechte des Frhrn. Schoultz v. Ascheraden von 1764 finden wir die Festsetzung eines solchen Minimums, dann im Bauerngesetze von 1804 und endlich in den Bauerngesetzen von 1849 und 1860.

Entsprechend der Festsetzung eines Minimums wurde 1849 auch ein Maximum für die Bauernhöfe im Zusammenhang mit der Regelung des Bauernlandverkaufes festgesetzt, um den Bauernstand vor dem Auskaufen durch städtische Kapitalisten zu schützen.

Bei Erörterung der Landarbeiterfrage werden wir auf diese Fesselung des Bodenverkehrs noch zurückkommen.

Nachdem der livländische Landtag 1865 noch ein Gesetz über die Entschädigung bäuerlicher Pächter bei Ablauf der Pachtzeit und auf Anregung der Staatsregierung eine Reorganisation der von Landtage 1847 geschaffenen Landgemeinde im Sinne größeren Einflusses der Behörden an Stelle der Gutsherren beschlossen, war die Agrargesetzgebung in Livland im wesentlichen zum Abschluß gebracht.

Bevor wir zur Darstellung der bestehenden bäuerlichen Verhältnisse übergehen, erübrigt es noch, kurz die Entwicklung in den Schwesterprovinzen zu berühren:

In Estland wurden nach dem Vorgange Livlands in den vierziger Jahren des 19. Jahrhunderts dieselben Reformen beschlossen, insbesondere die Anerkennung eines Teiles des Gutsgebietes als unentziehbaren Bauernlandes und die Ablösung der Frone und die Beförderung des Bauernlandverkaufes. Die diese Reformen endgültig regelnden Gesetze sind die Estländische Bauernverordnung von 1856 und die Novelle dazu von 1859. Wie in Livland wurde die Frone 1868 aufgehoben.

Auf der Insel Ösel[1]) hatten sich die Verhältnisse bis ins 18. Jahrhundert ähnlich gestaltet wie in Livland. Auch hier

[1]) Bis 1819 vgl. P. W. v. Buxhörden, Beitrag zur Geschichte der Provinz Ösel, 1838. S. 267 ff. Regeln von 1865. Balt. Mon. 1866, II.

hat die schwedische Administration ihre Spuren hinterlassen. Abgesehen von Normierungen der Gehorchsbestimmungen 1766 und 1798 blieb der Zustand der bedingten Leibeigenschaft bis zum Jahre 1818, wo die öselsche Ritterschaft sich dem Emanzipationswerk Livlands anschloß und durch das Bauerngesetz von 1819 eine Neuregelung seiner bäuerlichen Verhältnisse erhielt. 1864 wurde die Aufhebung der Frone beschlossen, 1865 endlich fand ein Ausbau der Agrarverhältnisse im Sinne der livländischen und estländischen Gesetzgebung statt: Trennung des Bauernlandes vom Hofeslande, Festsetzung langbefristeter Pachten (12 Jahre) und obligatorischer Meliorationsentschädigungen für abziehende Pächter, Schaffung eines größeren Minimums für die Bauernhöfe (3 Hektar Acker) und Erleichterung des Bauernlandverkaufes durch Anschluß an die Livländische Güterkreditsozietät.

In Kurland entwickelten sich die Dinge ganz und gar eigenartig. Hier wurde bis in das 19. Jahrhundert die Agrarfrage überhaupt nicht aufgerollt. Die Segnungen eines dauernden Friedens, die günstigere Beschaffenheit des Bodens, die behagliche Naturalwirtschaft des auf seinen Gütern Generation auf Generation lebenden Adels hatten die materielle Lage der Bauern so günstig gestaltet, daß dieser Zustand der patriarchalischen Leibeigenschaft, wie wir aus zahlreichen Zeugnissen wissen, durchaus nicht als drückend empfunden wurde und vom konservativen, allen gewaltsamen Eingriffen abholden Adel sozusagen für den natürlichen gehalten wurde.

Wir haben oben gesehen, daß die kurländische Ritterschaft 1817, dem Vorgange Estlands folgend, die Aufhebung der Leibeigenschaft beschloß. Die kurländische Bauernverordnung von 1817, die 1819 in Kraft trat, beruht gleichfalls auf dem Prinzip der freien Vereinbarung zwischen Gutsherren und Bauern, bezüglich der Besitzverhältnisse letzterer. Da in Kurland aber kein Übergangsstadium von der Leibeigenschaft zur Freizügigkeit stattgefunden hatte, wie dieses in Estland und besonders in Livland in der Erbuntertänigkeit bestanden hatte, so wurde im Gesetz von 1817 ein transitorischer Zustand bis 1833 geschaffen, der im wesentlichen dem durch das livländische Bauerngesetz von 1804 begründeten entsprach: es blieb die Schollenpflichtigkeit bestehen, und die Leistungen wurden gemessen. Von 1833 ab trat dann Freizügigkeit ein, aber ohne Ansiedelungsrecht in den Städten, auch wurde die Möglichkeit zum Eigentumserwerb, und zwar in der für alle nichtadeligen Stände Kurlands allein möglichen Form des 50jährigen Pfandrechts, gegeben. — Der Landtag von 1845 erweiterte die Freizügigkeit und sprach sich für Einführung der Geldpacht an Stelle der Arbeitspacht aus; der Landtag von 1863 beschloß die Festsetzung langbefristeter Pachten (12 Jahre) und obligatorischer Meliorationsentschädigungen der abziehenden Pächter und erteilte den Bauern das Recht, ihre Pachthöfe eigentümlich zu erwerben. Eine gesetzliche Anerkennung eines ausschließlich der Nutzung durch Glieder der Bauerngemeinde vorbehaltenen Bauernlandes, wie dieses in den Nachbarprovinzen geschehen war, fand jedoch durch die kurländischen Agrarregeln von 1863 nicht statt, so daß die Möglichkeit des Einziehens von Bauernhöfen zunächst offen blieb. Erst 1867 wurde auf dem Verordnungswege das Bauernlegen in Kurland untersagt.

Trotz dieser im Verhältnis zu Livland und Estland wenig liberalen Agrargesetzgebung zeigt Kurland eine ebenso günstige, womöglich noch günstigere wirtschaftliche und soziale Entwicklung seiner Bauernbevölkerung, was nicht nur seinen bevorzugten Bodenverhältnissen zuzuschreiben ist, sondern gewiß auch der Einwirkung einer traditionellen väterlichen Fürsorge der Gutsherren, die zur Hälfte Fideikommißbesitzer sind, für ihre Hintersassen.

Wie aus obiger kursorischen Darstellung der Entwicklung des gutsherrlich-bäuerlichen Verhältnisses hervorgeht, war Mitte der sechziger Jahre des 19. Jahrhunderts die Agrargesetzgebung in den vier Ostseeprovinzen im wesentlichen zum Abschluß gebracht.

Wenn wir die sog. Bauernemanzipation der Ostseeprovinzen mit derjenigen Westeuropas, insbesondere des ostelbischen Deutschlands, das ähnliche agrare und soziale Verhältnisse aufweist, vergleichen, so tritt uns zunächst der Umstand entgegen, daß das Emanzipationswerk in Livland und Estland nicht wie in Westeuropa von den Staatsregierungen, sondern von den Gutsherren, also den direkten Interessenten, in Angriff genommen und durchgeführt worden ist.

Ferner finden wir hier eine eigenartige Regulierung des neuen gutsherrlich-bäuerlichen Verhältnisses. In Preußen, Pommern, Brandenburg und Schlesien erhielt der Bauer zugleich mit der Freizügigkeit das Eigentum seines Hofes, wofür er dem früheren Grundherrn einen bedeutenden Bruchteil seines bisher besessenen Landes ($^1/_3$—$^1/_2$) abzutreten oder eine dementsprechende Rentenschuld zu übernehmen hatte, in Livland und Estland — wie übrigens auch in Posen und Neuvorpommern — blieb das ganze Gutsgebiet Eigentum des Gutsherrn. Das Gutsgebiet wurde aber geteilt, und der eine Teil wurde der ausschließlichen Nutzung der Bauern überlassen, gewissermaßen als ein Fideikommiß des Bauernstandes. Um die Bauernhöfe vor Zersplitterung zu bewahren, wurde eine Minimalgrenze ihres Wertes festgesetzt, ebenso eine Maximalgrenze, um das Aufkaufen von Bauerhöfen durch nichtbäuerliches Kapital zu vermeiden.

Während also in Preußen durch die Stein-Hardenbergsche Gesetzgebung die Regulierung der gutsherrlich-bäuerlichen Verhältnisse sofort eine Verringerung des gesamten bäuerlichen Grundbesitzes und durch Aufhebung des Bauernschutzes eine beständig wachsende Auffaugung des bäuerlichen Besitzes durch den kapitalkräftigeren Großgrundbesitz zur Folge hatte, war in Livland die Existenz eines wirtschaftlich lebensfähigen Bauernstandes gesetzlich gewährleistet.

Während in Preußen die Regulierung eine zwangsweise Ablösung der bäuerlichen Lasten und eine gesetzliche Gemeinheitsteilung und Zusammenlegung der Grundstücke nach sich zog, die dem Staate enorme Kosten verursachte, wurden in Livland diese Reformen von den Gutsherren als den Obereigentümern des ganzen Gutsgebietes auf privatem Wege erledigt, wobei allerdings im Auge zu behalten ist, daß in Livland keine gebundene Flurverfassung der Gemeinden existierte, so daß es sich lediglich um Zusammenlegung verstreut liegender Grundstücke und bei den Dörfern der Esten und der an Polnisch-Livland grenzenden Letten um die Auseinanderlegung (Ausbau) der einzelnen Bauernhöfe handelte.

So bestand die Regulierung der gutsherrlich-bäuerlichen Verhältnisse in den Ostseeprovinzen im wesentlichen im Übergang des unantastbaren „Bauerlandes" vom Pachtbesitz ins Eigentum der Bauern.

Anders als in den übrigen Kulturländern Europas vollzog sich hier dieser Vorgang lediglich durch eigene Kraft, was durch den Umstand zu erklären ist, daß die Provinzen von jeher auf Selbsthilfe angewiesen waren und von der Staatsregierung wohl Hinderung, nicht aber Förderung ihrer kulturellen Entwicklung zu erfahren gewohnt waren.

Kapitel II.

Die bäuerlichen Verhältnisse in Livland beim Ausbruch der Revolution.

Im folgenden sollen die wirtschaftlichen Verhältnisse der bäuerlichen Bevölkerung Livlands geschildert werden. Als Grundlage haben wir die Denkschrift Alex. Tobiens für den baltischen Generalgouverneur vom 23. Februar 1906 „Die Agrarverfassung des livländischen Festlandes" benutzt, ohne uns im übrigen den Reformvorschlägen dieser Denkschrift anzuschließen. Für die Schwesterprovinzen steht uns nicht genügendes Material zu Gebote, auch würde deren Heranziehung der Übersichtlichkeit der Darstellung schaden; eine Sonderung ist auch um so weniger erforderlich, als die Verhältnisse sehr ähnlich liegen wie in Livland, so daß die Unterschiede und lokalen Abweichungen besonders für den reichsdeutschen Leser wenig in Betracht kommen.

Alle Landgüter Livlands zerfallen in vier rechtliche Kategorien:

Rittergüter,
Domänen (Kronengüter),
Patrimonialgüter (Stadtgüter i. e. S.),
Pastorate.

Das Verhältnis dieser vier Kategorien hinsichtlich ihrer Zahl und ihres Areals ist folgendes:

		Umfang		davon Kulturland	
		in Dess.	in ha	in Dess.	in ha
729	Rittergüter	3 153 977	3 445 719	2 673 581	2 920 887
95	Domänengüter	536 460	586 083	436 118	476 459
14	Patrimonialgüter }	54 151	59 160	33 255	36 331
41	Grundstücke }				
106	Pastorate	49 665	54 259	44 888	49 040

Wir sehen also, daß die Rittergüter, die als solche in die Landrolle eingetragen sein müssen, weitaus an erster Stelle stehen; die Domänengüter betragen an Zahl etwas weniger, an Umfang etwas mehr als ein Siebentel der Rittergüter.

Von den 729 Rittergütern wären 15 auszuschließen, da sie nur den rechtlichen Charakter eines Rittergutes tragen und in landwirtschaftlicher Hinsicht nicht in Betracht kommen. Es sind Zwerggüter in unmittelbarer Nähe Rigas, die im Laufe der Zeit mehr oder weniger städtisch besiedelt worden, ja zum Teil vollständig in die Stadt aufgegangen sind.

Von den nachbleibenden 714 Gütern gehören 7 der livländischen Ritterschaft, 19 den Städten und 688 Privatpersonen.

Unter den 688 Privatgütern sind 84 Fideikommißgüter, die 16 % des Gesamtareals der Privatgüter einnehmen.

Was den Stand der Rittergutsbesitzer betrifft, so gehörten 1904 von den 688 Privatgütern 540 dem immatrikulierten Adel (Ritterschaft), 54 dem nichtimmatrikulierten Adel und 94 bürgerlichen Personen und Bauern.

Jedes Rittergut besteht aus zwei rechtlich gesonderten Teilen, dem Hofeslande und dem Bauernlande. Das Hofesland zerfällt wiederum in zwei rechtliche Kategorien, das sog. schatzfreie Hofesland und das sog. Quotenland.

Das schatzfreie Hofesland hat seinen Namen aus der Zeit, als das Hofesland keine öffentlich-rechtlichen Steuern trug.

Diese Eigenschaft der Schatzfreiheit hat das Hofesland verloren, seitdem 1880 die Reichsgrundsteuer in Livland eingeführt worden ist, und besonders, seitdem der livländische Landtag von 1889 freiwillig auf die Steuerfreiheit des Hofeslandes verzichtete. Das Hofesland steht zur vollständig freien Disposition des Rittergutsbesitzers, doch darf es nicht unter ein Minimum von 306 Dess. = 334 ha, wovon mindestens ein Drittel, also 102 Dess. = 111 ha Acker verringert werden, widrigenfalls die Rittergutsqualität des Gutes verloren geht.

Das sog. Quotenland oder kurz „die Quote" führt seinen absonderlichen Namen von der Gesetzgebung der vierziger Jahre des 19. Jahrhunderts, die den 1819 aufgehobenen Bauernschutz in der Weise wiederherstellte, daß das Bauernland als uneinziehbare Bodenkategorie aus dem Gutsbesitze herausgehoben wurde. Hierbei wurde eine Quote des Bauernlandes, ungefähr ein Sechstel, ausgeschieden und erhielt einen besonderen rechtlichen Charakter: sie blieb steuerpflichtig, durfte jedoch vom Gutsherrn beliebig genutzt, eingezogen, verpachtet oder verkauft werden. Der leitende Gedanke bei Abtrennung dieser Quote vom gefesselten Bauernlande war die Notwendigkeit einer allmählichen Arrondierung der Gutswirtschaften und der Ansetzung von Landarbeitern. Seit 1893 ist jedoch die freie Nutzung der Quote gesetzlich stark eingeschränkt worden, keineswegs zum Nutzen der agrarischen Entwicklung des Landes.

Das „Bauernland" („Gehorchsland") endlich ist der Teil des Gutsbezirkes, dessen direkte Nutzung gesetzlich nur Gliedern der Bauerngemeinde zusteht. Der Gutsherr darf das ihm gehörige Bauernland zwar wirtschaftlich beliebig umgestalten, aber niemals anders nutzen als durch Verpachtung oder Verkauf an Glieder einer Landgemeinde. Auf dem Bauernlande, das während der Fronverfassung die Steuerkraft des Landes repräsentierte, ruhten seit dem Mittelalter bis zum Jahre

1889 alle öffentlich-rechtlichen Steuern, seitdem werden sie vom Hofeslande ebenso wie von Bauernland und Quote getragen. Nur die Naturallasten für die öffentlichen Verkehrseinrichtungen blieben in der Weise verteilt, daß beim Bau und der Erhaltung der Brücken und Straßen die Bauernschaft die Neubauten und Reparaturen auszuführen, die Rittergutsbesitzer das erforderliche Material kostenfrei herzugeben und die Löhne der Handwerker zu zahlen haben, daß also die Bauern mit ihrer Arbeitskraft, die Gutsbesitzer mit ihrem Kapital herangezogen werden. Ebenso nimmt das sog. schatzfreie Hofesland an der Unterhaltung der von der Ritterschaft verwalteten Fahrpost (70—80 Postierungen) in der Weise teil, daß die Höfe 25 940 Rbl. oder 31,9 %, das Bauernland 55 416 oder 68,1 % der jährlichen Unterhaltungskosten, berechnet für das Jahr 1905, zu zahlen haben.

Das numerische Verhältnis der drei Kategorien der Rittergutsgebiete: Hofesland, Quotenland und Bauernland, ist nach den neuesten Erhebungen folgendes:

Hofesland:	1 664 315	Deſſ.	(= 1 818 264 ha)	
davon	1 316 137	„	(= 1 437 880 „)	Kulturland
Quotenland:	256 318	„	(= 280 027 „)	
davon	235 183	„	(= 256 937 „)	„
Bauernland:	1 233 344	„	(= 1 347 428 „)	
davon	1 121 261	„	(= 1 226 070 „)	„

Was die **Nutzung** des gesamten Grund und Bodens der Rittergüter betrifft, so haben wir zu unterscheiden erstens zwischen direkter Nutzung des Rittergutsbesitzers, vorwiegend durch Eigenwirtschaft, landwirtschaftlichen Großbetrieb, und Nutzung durch Personen, vorwiegend aus dem Bauernstande, landwirtschaftlichem Kleinbetrieb; zweitens zwischen Grundeigentum des Rittergutsbesitzers und der Personen aus dem Bauernstande.

Wir wenden uns zunächst zu der Unterscheidung zwischen Großbetrieb und Kleinbetrieb, wobei wir vorausschicken müssen, daß beide Betriebsarten nicht ausschließlich in Händen eines Standes sich befinden. Es gibt ebenso nichtadlige Rittergutsbesitzer wie nichtbäuerliche Kleingrundbesitzer. Wie wir oben gesehen haben, waren 1904 von 688 Rittergütern 94 Güter im Besitz von Personen bürgerlichen und bäuerlichen Standes. Außerdem gibt es zahlreiche Gutspächter oder Arrendatoren bäuerlichen Standes.

Nichtbäuerliche Kleingrundbesitzer dagegen gibt es verhältnismäßig wenige.

Kompensieren wir also die bäuerlichen Rittergutsbesitzer und Arrendatoren und die nichtbäuerlichen Kleingrundbesitzer, so tun wir der Statistik keine Gewalt an, wenn wir die Begriffe Kleingrundbesitz und bäuerlicher Grundbesitz identifizieren. Landwirtschaftlicher Großbetrieb findet sich fast ausschließlich auf Hofes- und Quotenland. Fast jedes Rittergut hat einen Großbetrieb, viele mehrere, je nach der Zahl der großen Wirtschaftseinheiten. Man unterscheidet dann den „Haupthof" und die „Beihöfe" oder „Hoflagen". Ersterer wird fast immer vom Gutsherrn persönlich bewirtschaftet, letztere sind häufig verpachtet. Auf dem Haupthofe befinden sich auch die Betriebe: Meierei, Käserei, Brauerei, Brennerei 2c. Desgleichen die ganze Gutsverwaltung. Die Forstverwaltung ist meist von dieser getrennt und ruht in den Händen eines Försters, der häufig in einer besonderen Forstei entweder auf einem der Höfe oder im Walde wohnt.

Ferner sind als Wirtschaftseinheiten, die zum Großbetriebe der Höfe gehören, zu erwähnen die Mühlen und Krüge (Schenken und Gasthäuser). Das Schankrecht mit Ausnahme des vom Staate monopolisierten Branntwein- und Schnapsverkaufes ist ein Vorrecht des Rittergutes.

Die Gegenüberstellung der Nutzung der Hofes- und Quotenländereien ergibt folgendes Bild nach Angaben aus den Jahren 1895 und 1905:

Hofesland:

im Jahre 1895:				im Jahre 1905:			
in Eigenwirtschaft der Rittergutsbesitzer:		verpachtet oder mit Landknechten besetzt:		verkauft:		zusammen:	
Gesamtareal	Kulturland	Gesamtareal	Kulturland	Gesamtareal	Kulturland	Gesamtareal	Kulturland
1334314	1051687 Dess.	262974	207991 Dess.	67027	56459 Dess.	1664315	1316137 Dess.
=	=	=	=	=	=	=	=
1457738	1148968 ha	287299	227230 ha	73227	61682 ha	1818264	1437880 ha

im Eigentum der Rittergutsbesitzer (1895):

Gesamtareal	Kulturland
1597288 Dess.	1259678 Dess.
=	=
1745037 ha	1376198 ha

Quotenland:

im Jahre 1895:				im Jahre 1905:			
in Eigenwirtschaft der Rittergutsbesitzer:		verpachtet oder mit Landknechten besetzt:		verkauft:		zusammen:	
Gesamtareal	Kulturland	Gesamtareal	Kulturland	Gesamtareal	Kulturland	Gesamtareal	Kulturland
24178	22560 Dess.	160634	146833 Dess.	71506	65790 Dess.	256318	235183 Dess.
=	=	=	=	=	=	=	=
26414	24647 ha	175493	160415 ha	78120	71875 ha	280027	256937 ha

im Eigentum der Rittergutsbesitzer (1895):

Gesamtareal	Kulturland
184812 Dess.	169393 Dess.
=	=
201907 ha	185062 ha.

Von den in Eigenwirtschaft der Rittergutsbesitzer befindlichen 1 051 687 Dess. (= 1 148 968 ha) Kulturland sind nicht weniger als 707843 Dess. (= 773318 ha) Wald, so daß 343844 Dess. (=375650 ha) Hofesland landwirtschaftlich genutzt werden.

Das Bauernland endlich steht, wie wir wissen, nach dem Gesetz ausschließlich in Nutzung der Glieder der Bauerngemeinden. Seine Bestimmung war es, allmählich bäuerliches Grundeigentum zu werden. Diese Bestimmung hat es heute nahezu erfüllt. Von den 1 233 344 Dess. (= 1 347 428 ha) Gesamtareal des Bauernlandes der Rittergüter sind bis zum August 1905 verkauft worden 1 093 152 Dess. (= 1 194 269 ha) respektive von 1 122 261 Dess. (= 1 226 070 ha), Kulturland 996 220 Dess. (= 1 088 370 ha).

Es befinden sich also vom Bauernlande im bäuerlichen Eigentum 88,63 %[1]) vom Gesamtareal oder 88,77 % vom Kulturlande und in bäuerlichem Pachtbesitz 11,37 resp. 11,23 %.

Wenn wir nach diesem Material nunmehr das Verhältnis des Grundeigentums der Rittergutsbesitzer und der Kleingrundbesitzer oder Bauern einander tabellarisch gegenüberstellen, erhalten wir 1. für die Rittergutsbesitzer:

	Gesamtareal		davon Kulturland	
Hofesland	1597288 Dess.	= 1745037 ha	1259678 Dess.	= 1376198 ha
Quotenland	184812 „	= 201907 „	169393 „	= 185062 „
Bauernland	140192 „	= 153159 „	126041 „	= 137700 „
	1922292 Dess.	= 2100103 ha	1555112 Dess.	= 1698960 ha

2. für die Bauern:

	Gesamtareal		davon Kulturland	
Hofesland	67027 Dess.	= 73227 ha	56459 Dess.	= 61682 ha
Quotenland	71506 „	= 78120 „	65790 „	= 71875 „
Bauernland	1093152 „	= 1194269 „	996220 „	= 1088370 „
	1231685 Dess.	= 1345616 ha	1118469 Dess.	= 1221927 „

[1]) Von den Privatpersonen gehörigen allodialen Rittergütern sind bereits 91 % des Bauernlandes verkauft. Vgl. oben.

Mithin befinden sich vom Gesamtareal der Rittergüter [3 153 977 Dess. (= 3 445 719 ha)] im Eigentum der Rittergutsbesitzer: 60,95 % oder vom gesamten Kulturlande [2 673 581 Dess. (= 2 920 887 ha)] 58,17 % und im Eigentum der Bauern: 39,05 resp. 41,83 %.

Ganz anders gestalten sich aber die Verhältniszahlen, wenn wir nicht das Eigentum, sondern die tatsächliche Nutzung, den Besitz ins Auge fassen.

Da erhalten wir für die Rittergüter als in direkter Nutzung — Eigentum und Besitz — der Bauern befindlich folgende Arealgrößen:

	Gesamtareal		davon	Kulturland
Hofesland	330001 Dess.	= 360526 ha	264450 Dess.	= 288912 ha
Quotenland	232140 „	= 253613 „	212623 „	= 232290 „
Bauernland	1233344 „	= 1347428 „	1122261 „	= 1226070 „
	1795485 Dess.	= 1961567 ha	1599334 Dess.	= 1747272 ha

Diese Ziffern sind insofern nicht ganz richtig, als die Erhebungen verschiedener Jahre benutzt werden mußten, so für das verpachtete Kulturland des Hofeslandes eine Erhebung von 1893 und für das verpachtete Quotenland eine Erhebung von 1895. Da mittlerweile — seit den letzten Erhebungen vor 13 resp. 11 Jahren — sich das Verhältnis des direkt vom Rittergutsbesitzer genutzten zum verpachteten Boden zweifellos zugunsten des letzteren verschoben hat, so gibt die obige Aufstellung das Mindestmaß des zurzeit in bäuerlicher Nutzung befindlichen Areals der Rittergüter.

Die Gegenüberstellung des in direkter Nutzung der Rittergutsbesitzer befindlichen Areals ergibt:

In Nutzung	Gesamtareal		davon	Kulturland
der Bauern	1795485 Dess.	= 1961567 ha	1599334 Dess.	= 1747272 ha
der Rittergutsbesitzer	1358492 „	= 1484152 „	1074247 „	= 1173615 „
729 Rittergüter ...	3153977 Dess.	= 3445719 ha	2673581 Dess.	= 2920887 ha

Es befinden sich also in Nutzung der Bauern 56,93 % des Gesamtareals oder 59,82 % des Kulturlandes der Rittergüter.

Wie wir oben gesehen haben, gehörten zum Kulturlande des Hofeslandes 707 843 Dess. (= 773 318 ha) Wald, so daß das von den Rittergutsbesitzern in landwirtschaftlichem Eigenbetriebe genutzte Kulturland im ganzen nur 366 404 Dess. (= 400 297 ha) beträgt. In dieser letzten Ziffer ist allerdings auch noch der Wald des von den Rittergutsbesitzern direkt genutzten Quotenlandes enthalten, dieser spielt aber für die Forstwirtschaft ebensowenig eine Rolle als der Wald des von den Bauern genutzten Kulturlandes. Hier wie dort ist der Wald so gut wie ausschließlich für den eigenen Bedarf der Einzelwirtschaften nötig, ist also nicht als besonderer Wirtschaftskomplex zu betrachten.

Als das Resultat dieser Untersuchungen ergibt sich ein außerordentlich günstiges Verhältnis von Klein- und Großgrundbesitz, namentlich wenn man die Forstwirtschaft als einen besonderen Faktor in Betracht zieht.

Von einer Latifundienwirtschaft kann nicht die Rede sein, geschweige denn von einer Aufsaugung des Kleingrundbesitzes.

Wie ist nun dieser Kleingrundbesitz gestaltet? Ist er lebensfähig? Gibt er eine genügende Grundlage für einen kräftigen Bauernstand? Das sind Fragen, an die wir nunmehr an der Hand statistischer Zahlen herantreten wollen. Wir haben gesehen, daß bis zum August 1905 von dem Gesamtareal des Bauernlandes der Rittergüter 88,63 % verkauft waren. Das ganze verkaufte Bauernland besteht aus 22 272 Bauernhöfen.

Diese 22 272 Bauernhöfe oder wie man in Livland sagt: Bauerngesinde haben einen Durchschnittsumfang von 49,08 Dess.

(= 53,62 ha) Gesamtareal und 44,73 Deff. (= 48,87 ha) Kulturland.

Nach Größenkategorien geordnet, umfassen sie 22 272 Bauernhöfe

Kulturland						auf den Rittergütern	auf den Domänengütern
weniger als	1	Deff.	=	1,0925	ha	41	369
	1— 5	„	=	1— 5	„	55	1494
	5— 10	„	=	5— 11	„	49	1627
	10— 20	„	=	11— 22	„	779	1499
	20— 30	„	=	22— 33	„	4075	1302
	30— 40	„	=	33— 44	„	5744	1027
	40— 50	„	=	44— 55	„	4550	892
	50— 60	„	=	55— 66	„	2890	537
	60— 70	„	=	66— 76	„	1782	303
	70— 80	„	=	76— 87	„	1057	182
	80—100	„	=	87—109	„	834	{ 119 88
	100—120	„	=	109—131	„	251	86
	120—140	„	=	131—153	„	79	45
	140—160	„	=	153—175	„	44	18
	über 160	„	=	über 175	„	42	8
						22272	9586

Diese Tabelle ergibt, daß auf den Rittergütern der mittlere bäuerliche Grundbesitz von 20—60 Deff. (= 22—66 ha) weitaus überragt. Die größte Gruppe ist die von 30—40 Deff. (= 33 bis 44 ha). Die kleineren Höfe bis zu 10 bis 15 Deff. = 11 bis 16 ha stammen aus der Zeit vor der gesetzlichen Festsetzung des Minimums von 1/8 Haken oder 10 Taler Landwert für den einzelnen Bauernhof.

Weit weniger günstig ist das Größenverhältnis der Bauernhöfe auf den Domänen, wo das Postulat „jedem russischen Mann ein Stück russischer Erde" seine verderbliche Wirkung geäußert hat. Die Zahlen obiger Tabelle zeigen das Größenverhältnis von 9586 verkauften Grundstücken der Domänengüter. Hier ist die größte Gruppe die von 5—10 Dess. (= 5—11 ha); bei 246 879 Dess. (= 269 715 ha) verkauftem Kulturland beträgt die Durchschnittsgröße eines Domänen-Bauerngesindes 25,75 Dess. (= 28,13 ha) gegen 49,08 Dess. des Ritterguts-Bauerngesindes.

Von den 49,08 Dess. (= 53,62 ha) Gesamtareal, die die verkauften Bauernlandgesinde der Rittergüter im Durchschnitt haben, entfallen auf:

Acker	11,54 Dess.	(= 12,61 ha)
Wiese	12,38 „	(= 13,53 „)
Weide	9,21 „	(= 10,06 „)
Wald	11,60 „	(= 12,67 „)
Unland . . .	4,35 „	(= 4,75 „)
	49,08 Dess.	(= 53,62 ha)

Der Bauernhof auf den Rittergütern stellt also eine Wirtschaftseinheit dar, die an Umfang des Kulturlandes (44,72 Dess. = 48,87 ha) weder in Westeuropa noch in Rußland ihresgleichen findet[1]) und die in bezug auf das Verhältnis der Bodenkategorien zueinander auch in wirtschaftlicher Hinsicht äußerst günstig ausgestattet ist.

In den allermeisten Fällen sind die Bauerngesinde auch gut arrondiert, da sie entweder als Einzelhöfe entstanden oder aber von den Gutsherren durchaus zweckentsprechend auseinander- oder zusammengelegt worden sind, weil hierbei für die Gutsherren ausschließlich wirtschaftliche Beweggründe und Normen maßgebend waren. Die Bauernhöfe auf den Rittergütern werden meist rationell nach dem Vorbilde der Großbetriebe bewirtschaftet. Leider haben wir kein statistisches Material für die Wirtschaftsformen speziell auf den Bauern-

[1]) In Kurland ist die durchschnittliche Größe eines Bauernlandgesindes 43,70 Dess. (= 47,74 ha), in Estland 34,97 Dess. (= 38,20 ha).

gesinden, sondern nur die offiziellen Angaben für 40 680 bäuerliche Wirtschaften auf Rittergütern, Pastoraten und Domänen zusammen.

Hiernach wurden 1903 bewirtschaftet:

Bauernhöfe			System
2 154	oder	5,3 %	3 Felderwirtschaft
4 814	„	11,8 %	4 „
10 355	„	25,5 %	5 „
13 518	„	33,3 %	6 „
6 508	„	16,0 %	7 „
3 331	„	8,1 %	8—11 „
40 680			

Die bäuerlichen Wirtschaften mit 3 und 4 Felderwirtschaft sind fast ausschließlich auf den Domänengütern zu finden, wo andererseits kaum 7 oder mehr Felderwirtschaft betrieben wird. Eine Aufstellung für die Bauernhöfe der Rittergüter allein würde ein weit günstigeres Bild der landwirtschaftlichen Kultur geben.

Derselben offiziellen Quelle entnehmen wir, daß 1903 von 59 667 Wirtschaftseinheiten des Kleinbetriebes bloß 5510 oder 9,2 % keine Pferde hatten, während auf 54 157 Wirtschaftseinheiten 136 340 Pferde gefunden wurden.

Was nun die Kaufpreise der Bauernhöfe betrifft, so stellen sie sich seit 1823 folgendermaßen:[1]) (siehe Tabelle S. 57).

Die meisten Verkäufe haben also in der Zeit zwischen 1867 und 1876 stattgefunden. Der Kaufpreis stieg bis zum Jahre 1886, fiel dann infolge des Sinkens der Getreide- und Flachspreise und ist in den letzten drei Jahren wieder bedeutend gestiegen, was offenbar mit einer Reaktion auf den Industriekrach in Zusammenhang zu bringen ist. Dieselben Erfahrungen hat die Reichs-Bauernagrarbank gemacht. Die von ihr gezahlten Durchschnittspreise betrugen nach dem Werk

[1]) Nach Tobien, Agrarverfassung usw.

Jahre	Anzahl der Gesinde	Gesamtareal Deff. =	Gesamtareal ha	Kulturland Deff. =	Kulturland ha	Kaufpreis Rbl.	Kaufpreis pro Deff. = ha Gesamtareal Rbl. = Rbl.	Kaufpreis pro Deff. = ha Kulturland Rbl. = Rbl.
1823—51	42	2 631 =	2 874	2 338 =	2 554	120 822	46 = 42	52 = 47
1852—56	137	9 090 =	9 931	8 498 =	9 284	386 853	43 = 39	46 = 42
1857—61	209	11 131 =	12 161	10 211 =	11 155	560 390	50 = 46	55 = 50
1862—66	2 010	123 849 =	135 305	111 864 =	122 211	7 564 930	61 = 56	68 = 62
1867—71	4 318	226 676 =	247 644	204 955 =	223 913	13 938 894	61 = 56	68 = 62
1872—76	25 995	89 011 =	315 744	263 836 =	288 241	16 901 963	58 = 54	64 = 59
1877—81	3 133	141 782 =	154 897	128 830 =	140 747	10 273 862	72 = 66	80 = 73
1882—86	2 765	128 283 =	140 149	117 262 =	128 109	10 895 566	85 = 78	93 = 85
1887—91	780	35 985 =	39 314	32 984 =	36 035	3 006 445	84 = 76	91 = 83
1892—96	1 168	52 651 =	57 521	48 203 =	52 662	4 377 934	83 = 76	91 = 83
1897—01	917	42 816 =	46 776	39 080 =	42 695	3 453 825	81 = 74	88 = 81
1902—04	590	26 781 =	29 258	24 169 =	26 405	2 446 362	91 = 84	101 = 93
Zusammen	22 064	1 090 686 =	1 191 574	992 230 =	1 084 011	73 927 846	68 = 62	75 = 68

von Dolgorukow und Petrunkewitsch (Die Agrarfrage, Moskau 1905, S. 182):

1897	71	Rbl. pro Deff. (1,0925 ha) Kulturland
1898	76	" " " " " "
1899	78	" " " " " "
1900	83	" " " " " "
1901	91	" " " " " "
1902	108	" " " " " "

Im Vergleich mit den in den inneren Gouvernements erzielten Bodenpreisen sind die in Livland gezahlten Bodenpreise keineswegs zu hoch; in einzelnen Gouvernements des Reichs sind die Bodenpreise weit höher. Es läßt sich aber kein irgend gültiger Vergleich anstellen, da ein freihändiger Verkauf des Bauernlandes in Rußland nicht stattgefunden hat. Die bei der Zwangsenteignung der Ländereien für die 1861 befreiten Bauern gezahlten Preise (der sog. Wykub, d. h. Auskauf) können selbstverständlich nicht zum Vergleich herangezogen werden. Für die Festsetzung der Kaufpreise für das Bauernland in Livland waren folgende Erwägungen maßgebend: Da die bäuerlichen Käufer, meist die bisherigen Pächter, denen nach der Bauernverordnung ein Vorkaufsrecht auf ihre Pachthöfe zustand, nur über die Summen verfügten, welche sie während ihrer Pachtzeit erspart hatten und die höchstens für die erste Kapitalanzahlung genügten, so wurde der Kaufpreis für die Gesinde so normiert, daß aus dessen Nettorevenuen die Zinsen und Amortisationsquoten, sowohl der Bankschuld als auch der hypothekarisierten Kaufkapitalschuld bequem getilgt werden konnten.

Im allgemeinen hat sich der Verkauf der Bauerngesinde so vollzogen, daß von dem Kaufpreise etwa 10 % durch die erste Barzahlung, etwa 40 % durch die Anleihe der Landbank (Adlige Güterkreditsozietät) und etwa 50 % durch Hypotheken (Obligationen) zum Besten des Verkäufers gedeckt wurden;

es mußten also außer den Zinsen der Kapitalschulden allmählich auch etwa 90 % des gesamten Kapitalwertes aufgebracht werden. Daß solches durch die verhältnismäßig niedrige Normierung des Kaufpreises ohne Schwierigkeiten vor sich geht, beweist der Umstand, daß im Jahre 1900 von dem Kaufpreise für die Bauernhöfe auf Hofes-, Quoten- und Bauernland, der insgesamt 77 328 955 Rbl. betrug, bereits 64 784 986 Rbl., also 83,78 %, abgezahlt worden sind, von welcher Summe die Käufer 33 867 786 Rbl. selbst aufgebracht und 30 917 200 Rbl. durch Verpfändung ihrer Höfe bei der Landbank beschafft hatten. Der Tilgungsfonds dieser Hypothekenschuld ist zurzeit 5 129 000 Rbl. groß, so daß die Schuld tatsächlich nur 25 788 200 Rbl. beträgt. Dabei muß konstatiert werden, daß trotz der Zahlung von Zinsen und Abzahlung von Kapitalien aus den Erträgen der Bauernhöfe, diese selbst im allgemeinen bedeutend melioriert worden sind, durch Vergrößerung und Verbesserung des Ackers und der Wiesen und durch Neubauten von Wirtschafts- und Wohngebäuden, wobei für die letzteren häufig mehr Aufwendungen als nötig gemacht worden sind.

Der den Rittergutsbesitzern schuldige Kaufschillingsrest — der 1900 13,22 % des Kaufpreises betrug — wäre noch weit geringer, wenn die Käufer die Zahlungstermine pünktlicher eingehalten hätten. Aber es ist eine bekannte Erscheinung in allen Agrarländern, daß der Bauer mit dem Gelde nur dann herausrückt, wenn er durch äußeren Zwang von der Notwendigkeit hierzu überzeugt worden ist. Als interessanter Beleg für diese psychologische Erscheinung mögen folgende Ziffern sprechen, die offiziellen Angaben des Rigaschen Bezirksgerichts (Landgerichts) entstammen:

Im Triennium 1894—96 wurden für Forderungen im Gesamtbetrage von 3 255 311 Rbl. 3926 Bauernhöfe zum Meistbot gestellt, und zwar 942 Höfe auf Antrag von Privatgläubigern und 2984 auf Antrag der Landbank. Von diesen 3926 Höfen wurden jedoch schließlich nur 294, also weniger als der dreizehnte Teil, meistbietend versteigert, während für die übrigen die Restanzen rechtzeitig berichtigt wurden.

Was die wirtschaftliche Lage der Pächter betrifft, so kann sie im großen und ganzen der der Hofbesitzer gleichgesetzt werden.

Nach den offiziellen Berichten der russischen Bauernkommissäre betrug die Pacht auf Bauerlandgesinden pro Lofstelle (= 0,37 ha) Acker, wozu $^1/_2$ Lofstelle (= 0,18 ha) Wiese und $^1/_4$ Lofstelle (= 0,09 ha) Weide hinzuzurechnen sind, also für zusammen 0,6 Dess. (= 0,64 ha) im Jahre 1887: 4,55 Rbl. und 1897 4,64 Rbl., also: pro Dess. (= 1,0925 ha) 7,73 Rbl. Seitdem sind die Pachtsätze stark gesunken. 1905 betrug die Pacht pro $1^3/_4$ Lofstelle = 0,6 Dess. (= 0,64 ha) 3,50 Rbl., also 5,83 Rbl. pro Dess.

Einen Vergleichsmaßstab, an dem wir diese Pachtsätze messen können, dürfen wir selbstverständlich nicht in Westeuropa, etwa im ostelbischen Deutschland oder in Skandinavien suchen, da hier der Bodenwert ein so ganz anderer ist. Wir können aber mit einigem Recht Rußland heranziehen, wo die Qualität des Bodens allerdings besser, die Intensität der Landwirtschaft dafür aber geringer ist.

Nach A. A. Manuiloff (Bemerkungen zur Bauernfrage. II., Moskau 1905, S. 131 ff.) und Djuschen (Die russische Intelligenz und der Bauernstand, Moskau 1904, S. 267) betrugen die Pachtsätze pro Dessätine Acker:

Gouvernement	Lange Pacht Rbl.	Kurze Pacht Rbl.
Cherson	5,52	8,65
Poltawa	7,00	9,16
Orel	8,70	10,70
Kursk	12,60	

Der allgemeine Niedergang der Landwirtschaft durch das Sinken der Getreide- und Flachspreise seit Mitte der achtziger Jahre und die industrielle Bewegung Ende der neunziger Jahre des vorigen Jahrhunderts, welch letztere durch das Abströmen der Landarbeiter in die Städte zu einer bedeutenden Verteuerung der Knechtslöhne führte, haben die wirtschaftlichen Verhältnisse der Hofbauern (Gesindewirte) entschieden verschlechtert, wenngleich sie durch diese wirtschaftlichen Kalamitäten längst nicht so sehr betroffen worden sind als der Großgrundbesitz. In den letzten Jahren hat dann wieder ein Aufschwung stattgefunden durch größere Intensität in der Landwirtschaft und durch ein erhöhtes Angebot von Arbeitskräften nach dem Industriekrach von 1901. Allerdings haben die letzten vier Jahre in den meisten Teilen des Landes Mißwachs gebracht, so daß die Krise nicht als überwunden gelten kann.

Trotzdem befand sich vor Ausbruch der Revolution viel bäuerliches Kapital im Lande. Wie groß dieses war, läßt sich auch nicht annähernd schätzen, da man nicht feststellen kann, wie groß der Besitz von Wertpapieren und Einlagen in den Privatbanken von Personen bäuerlichen Standes ist; eine Art Vorstellung davon läßt sich aber gewinnen, wenn wir die Höhe der den Bauerngemeinden gehörigen Zweckkapitalien und die Sparkasseneinlagen anführen.

Nach den Erhebungen für den 1. Januar 1905 lassen sich folgende Ziffern feststellen.

Bei einer Gesamtzahl von 413 Gemeinden u. 502 620 Gemeindegliedern:

Gemeinde-Vermögen an Gebäuden	4 800 000	**Rbl.**
an Geldwerten	5 867 359	„
an Magazinkorn	2 206 035	„
d. h. dem gesetzlich in den öffentlichen Gemeindemagazinen aufzubewahrenden Getreide		
	12 873 394	**Rbl.**

Hierzu kommen die Einlagen in die Sparkassen, bei denen die auf dem flachen Lande vollständig, die in den kleinen Städten so gut wie vollständig und die in Riga zur Hälfte der bäuerlichen Landbevölkerung gutzuschreiben wären.

Danach bekämen wir für 1904 (bis 1. Januar 1905):

I. Einlagen in die privaten Leih- und Sparkassen		
1. auf dem flachen Lande	2 376 723	Rbl.
2. in den kleinen Städten	3 062 383	„
3. in Riga (die Hälfte)	2 633 761	„
II. Einlagen in die staatlichen Sparkassen („Einlagen der Landwirte in Livland")	4 143 900	„
in Summa	12 216 767	Rbl.

Wir haben also für die Zeit vor dem Ausbruch der Revolution an Zweckkapitalien der Bauerngemeinden und an Sparkasseneinlagen von Bauern zusammen über 25 Millionen Rubel. Die Sparkasseneinlagen beziehen sich zum weitaus größten Teile auf den lettischen Distrikt Livlands, wo das Leih- und Sparkassenwesen viel ausgebildeter ist wie im estnischen. Die Esten sollen bedeutende Kapitalien als Einlagen und im Girokonto auf Banken in Dorpat haben. Diese Werte lassen sich nicht beziffern, ebensowenig das in Wertpapieren befindliche Vermögen von Bauern. In der Zeit vor der Revolution war es allgemein Sitte, daß die Bauern, besonders Landarbeiter und Dienstleute, ihre Ersparnisse dem Gutsbesitzer brachten mit der Bitte, sie anzulegen oder auch nur zu verwahren; in dieser Hinsicht wurde dem Gutsherrn ein blindes, geradezu kindliches Vertrauen entgegengebracht, das auch niemals getäuscht worden ist. Die lettische Hetzpresse hat das ihrige dazu getan, diesen patriarchalischen Modus der Kapitalsanlage zu zerstören und das Kapital national-lettischen Unternehmungen zuzuführen. Dabei sind dann freilich zahlreiche Spargroschen im nationalen Nebel verschwunden.

Die nächsten Erhebungen werden ein ganz anderes Bild des Volkswohlstandes zeigen. Es wird sich dann erweisen, welche erschreckende Bresche der Taumel der Revolution in das lettische Nationalvermögen gerissen hat.

Wir wenden uns nun zu den Landarbeitern, oder wie man in den Ostseeprovinzen sagt, der „Knechtsbevölkerung“ [1]).

Unter den Landarbeitern ist hier die besitzlose Klasse der Bauern zu verstehen, die gegen Lohn die landwirtschaftlichen Arbeiten auf den Guts- und Bauernhöfen verrichten.

Wir unterscheiden zwei Hauptklassen:

1. Knechte,
2. Tagelöhner.

Letztere spielen im landwirtschaftlichen Betriebe eine sehr geringe Rolle.

Die „Knechte“ werden, je nachdem sie im Groß- oder Kleinbetriebe verwandt werden, als Hofes- oder Gesindesknechte bezeichnet, d. h. solche, die auf dem Guts*hof*, und solche, die auf dem Bauern*gesinde* dienen.

Unter den Hofesknechten unterscheidet man in Livland nach der Art des Dienstvertrages

1. die sog. Jahresknechte,
2. Akkordknechte.

Die Jahresknechte sind solche Landarbeiter, die für einen feststehenden Lohn ohne Berücksichtigung des geleisteten Arbeitsquantums auf ein Jahr, und zwar für eine bestimmte Anzahl von Arbeitstagen, gemietet werden.

---

[1]) Die folgende Darstellung beruht im wesentlichen auf einer Arbeit von A. v. Hehn in A. Tobiens Denkschrift, Die Agrarverfassung des livländischen Festlandes. S. 34ff.

Die Akkordknechte werden gleichfalls auf ein Jahr gemietet, erhalten aber nur für diejenigen Arbeiten, welche sich nach Größe und Umfang bemessen und durch eine einzelne Arbeitsfamilie bewerkstelligen lassen, festen Lohn, dagegen für diejenigen Arbeiten, die von mehreren Arbeitern gemeinsam gemacht werden müssen, oder die eine Bestimmung der aufgewandten Arbeitsmenge nicht zulassen einen Tagelohn.

Mit anderen Worten: der sog. Jahresknecht leistet Tage, ohne ein Quantum der geleisteten Arbeit zu garantieren, der Akkordarbeiter übernimmt die Leistung einer bestimmten Arbeit, z. B. die Bestellung eines bestimmten Ackerareals oder die Heumahd auf einem Wiesenstück von bestimmtem Umfang gegen festen Lohn. Der Jahresknecht entspricht also mehr einem extensiven, der Akkordknecht einem intensiven Betriebe.

Die Löhnung beider Landarbeiterarten ist verschieden. Beide erhalten freie Wohnung, in der Regel Stube nebst Küche und Vorratskammer (Handkammer), dazu einen Raum als Kornspeicher und Stallraum. Die Wohnungen der Knechte bestehen meist in besonderen, mehr oder weniger kasernenartigen Gebäuden, den sog. Knechtshäusern oder Knechtsetablissements, wozu außer den Wohnhäusern besondere Speicher und Ställe gehören. Zur Wohnung gehört freie Beheizung. Bei Berechnung der Herstellungskosten der Knechtswohnungen und Nebenräume stellt sich die Wohnung pro Familie für den Arbeitgeber auf etwa 40 Rubel jährlich; die Beheizung kann mit 15—25 Rubel jährlich veranschlagt werden.

Ferner erhalten die Knechte ein Stück Gartenland von $^1/_8$—$^1/_6$ Lofstelle (= 0,05—0,06 ha) Umfang und ein Stück Kartoffelland von $^1/_3$—$^1/_2$ Lofstelle (= 0,12—0,18 ha) im jeweiligen Kartoffelfelde. Bearbeitung und Düngung auf Kosten des Arbeitgebers, Gerät und Gespann kostenlos, Aussaat, Pflege und Ernte: Sache des Arbeiters. In einzelnen Fällen erhalten die Arbeiter auch ein Stück Flachsland. Der Wert dieser Landnutzungen stellt sich auf etwa 12—17 Rubel ohne und 15—20 Rubel mit Flachsland. Zum Unterhalt des Viehes — meist zweier Kühe und einiger Schafe — erhält der Knecht reichlich Strohfutter und Heu, im Sommer freie Weide, bisweilen auch Nutzung eines Stückes Kleefeld; wo Brennereien sind, auch Schlempe. Dort, wo kein Milchvieh gehalten werden darf, erhält der Knecht ein Deputat an Milch, wo keine Schafe — ein sog. Wollgeld. Für Schweine erhält der Knecht einen Stallraum, dazwischen auch freie Weide im Herbst.

Rechnet man die Weidekosten einer Kuh nebst Sommerstallfütterung auf 10 Rbl. p. a., ein Preis, der in bäuerlichen Wirtschaften vielfach gezahlt wird und setzt für den Winter an Stroh und Heufutter 10 Kop. pro Tag fest, so würde das Futter einer Kuh bei 200 Wintertagen 20 Rbl. ausmachen, zusammen also 30 Rbl.

Ferner haben die Knechte in der Regel freie ärztliche Behandlung, nicht selten, besonders bei langdauernden Krankheitsfällen, freie Medikamente, ferner freie Fahrt zur Kirche, Jahrmärkten und sonstigen festlichen Gelegenheiten und endlich freie Mahlung ihres Getreides.

Diese Zuwendungen können auf 10—15 Rbl. jährlich pro Familie veranschlagt werden.

Die Löhne sind für den sog. Jahresknecht und den Akkordarbeiter verschieden, auch variieren sie in sich nach den verschiedenen Gegenden und wirtschaftlichen Verhältnissen nicht unbedeutend.

Der sog. Jahresknecht erhält an Lohn etwa 50—70 Rbl. und an Deputat für etwa 55—75 Rbl. jährlich. An Mehrverdienst für Arbeiten über die von ihm und seinem Weibe zu leistenden Tage, die nach bestimmten Akkordsätzen unabhängig von der dazu verwandten Zeit bezahlt werden etwa

30 Rbl. im Jahr. Sein Einkommen beträgt mithin etwa 135—175 Rbl., im Mittel 155 Rbl. jährlich.

Der jährliche Lohn des Akkordknechts beträgt für Akkordarbeiten ca. 45 bis 55 Rbl., an Tagelohn ca. 65 bis 75 Rbl. pro Mann und 15 bis 25 Rbl. pro Weib; der Akkordknecht erhält kein Korndeputat, dagegen aber eine bedeutende Preisermäßigung beim Kauf gutsherrlichen Getreides, was einen Gewinn von ca. 20 Rbl. jährlich bedeutet. Das Jahreseinkommen einer Akkordknechtsfamilie beträgt demnach ca. 140 bis 170 Rbl., im Mittel 155 Rbl., stimmt also mit dem Jahreseinkommen des sog. Jahresknechts überein, was auch durch den Umstand Bestätigung findet, daß nicht selten in unmittelbarer Nachbarschaft beide Knechtstypen existieren, ohne daß ein größerer Zugang oder Abgang unter ihnen zu bemerken wäre.

Wenn wir nun nach den Durchschnittsbeträgen der Nutzungen und Einkünfte tabellarisch den Standard of life einer livländischen Hofesknechtsfamilie darstellen, so erhalten wir folgendes Bild:

	sog. Jahresknecht Rbl.	sog. Akkordknecht Rbl.
Freie Wohnung	40	40
Beheizung	20	20
Landnutzung	20	20
Viehfutter und Weide für 2 Kühe	60	60
Freie ärztliche Behandlung „ Fahrten „ Mahlung	10	10
Jahreslohn	60	—
Deputat	65	—
Mehrverdienst	30	—
Akkordarbeit	—	50
Tagelohn des Mannes	—	70
„ des Weibes	—	15
Preisermäßigung beim Getreidekauf	—	20
	305 Rbl.	305 Rbl.

Zu diesen direkt auf den Arbeitgeber zurückzuführenden Einnahmen, kommen noch die indirekten aus den Erträgen der Vieh- und Faselhaltung, die besonders in der Nähe der Städte nicht gering sind. Die Einnahmen variieren, wie schon bemerkt, nach der geographischen Lage und den wirtschaftlichen Verhältnissen der Gegend; auch spielt die Arbeitsfähigkeit der Familie, Zahl und Gesundheit der arbeitsfähigen Familienmitglieder eine große Rolle.

Im großen und ganzen ist die wirtschaftliche Lage der Landarbeiter auf den Gutshöfen durchaus zufriedenstellend. Leider fehlt es auch hier an einem Vergleichsmaßstab, um die Bedeutung eines jährlichen Einkommens von 305 Rbl. klar zu machen. Wie wenig die reichsdeutschen Begriffe hier passen, mögen folgende Preissätze für Lebensmittel auf dem flachen Lande in Livland im Jahre 1904 demonstrieren:

	im Durchschnitt 1904	im Durchschnitt 1894—1904
Es kostete 1 Pud (= 16,38 kg) Roggen	78 Kop.	71 Kop.
1 Pud Hafer	71 „	66 „
1 Pud Gerste	68 „	71 „
1 Lof (= 0,6887 hl) Kartoffeln	ca. 60 Kop.	
1 ℔. (= 0,4095 kg) Rindfleisch	ca. 10 „	
1 ℔. Schaffleisch	„ 8 „	
1 ℔. Schweinefleisch	„ 15 „	
1 ℔. Schweinespeck	„ 18 „	
1 Stof (= 1,28 l) Vollmilch	„ 4 „	

Hierzu muß bemerkt werden, daß die Landarbeiter sich während der wärmeren Jahreszeit fast ganz ohne Fleischnahrung behelfen und meist von Brod, Milch, Grütze, Kohl und Heringen oder Strömlingen nähren. Auch im Winter spielt die Fleischnahrung eine geringe Rolle, bis auf Schweinefleisch und Speck, die meist in gesalzenem oder geräuchertem Zustande genossen werden. Der weitaus größte Teil der gewöhnlichen Nahrung wird nicht gekauft, sondern selbst produziert resp. dem gutsherrlichen Deputat entnommen.

Was die Arbeitszeit betrifft, die natürlich nur für den sog. Jahresknecht in Betracht kommt, so umfaßt sie nach uraltem Gebrauch die Zeit von Sonnenaufgang bis Sonnenuntergang, im Winter bisweilen die Zeit von 6—6 Uhr. Im Sommer sind gewöhnlich vier Stunden Ruhepause zum Frühstück, zu Mittag und zu Vesper, im Winter eine Mittagspause von 1—2 Stunden. Für Feiertagsarbeit, die außergewöhnlich ist, wird eine Extravergütung bezahlt.

Neben den Jahres- und Akkordknechten, die ihrem Wesen nach den Insten oder Dienstleuten in Deutschland entsprechen, finden sich auch sog. Landknechte, die für ihre Arbeit durch ein Stück Land: Garten, Acker, Wiese und Weide gelohnt werden. Dafür leisten sie entweder eine bestimmte Zahl von Tagen gleich den sog. Jahresknechten oder ihrem Umfange nach bestimmte Arbeiten gleich den Akkordknechten. Im allgemeinen nehmen die Landknechte ab, da sie wegen ihrer einjährigen Verträge, die zur Bodenaussaugung verleiten, und wegen des Zeitverlustes bei ihrer räumlichen Entfernung von den Gutsäckern für die Gutsbesitzer nicht vorteilhaft sind und nur dort einen Wert haben, wo Landstücke und Gebäude nicht anders genutzt werden können. Längere Verträge als auf ein Jahr mit den Landknechten abzuschließen verbietet aber der Umstand, daß der Arbeitgeber die Landknechte nicht rechtzeitig entlassen kann, sobald sie sich untauglich zur Arbeit erweisen. Die wirtschaftliche Lage der Landknechte ist im allgemeinen günstig, da ihr Inventar und ihr im Saatkorn steckendes Vermögen sie von den Schwankungen zeitweiligen Verdienstes bis zu einem gewissen Grade unabhängig machen. Tatsächlich übernehmen Landknechte, wenn sie diese Stellung aufgeben, nicht selten Pachtungen.

Eine ähnliche Zwischenstellung zwischen Landarbeiter und Pächter nehmen im Landwirtschaftsbetriebe die sog. Halbkörner oder Hälftner ein. Es sind dieses solche Unternehmer, die mit eigenem Inventar inkl. Vieh die landwirtschaftlichen Arbeiten übernehmen und als Entgelt die Hälfte der Roherträge der von ihnen bestellten Felder erhalten, wobei sie sich an eine vorgeschriebene Wirtschaftsordnung (Rotation) zu halten haben und wie andere Landarbeiter in bezug auf die Qualität ihrer Arbeit der Kontrolle der Wirtschaftsbeamten unterworfen sind. Die Halbkornwirtschaft besitzt für den Grundbesitzer den Vorzug, daß sie ohne nennenswertes Inventar und Betriebskapital, also mit geringem Risiko betrieben werden kann, dagegen aber den Nachteil, daß wegen der minderwertigen Ackergeräte und Ackerpferde die Bodenbestellung weniger gründlich geschieht, so daß der Acker bei aller Sorgfalt der Kontrolle entwertet wird.

Neben den Landarbeitern, die gegen Lohn in Geld Naturalien oder Land oder durch Beteiligung am Gewinn in einem festen, mindestens ein Jahr dauernden Dienstverhältnis zum Arbeitgeber stehen, ist die Klasse der Tagelöhner oder sog. freien Arbeiter zu nennen, solche Arbeiter, die zur Aushülfe auf kurze Zeit angeworben und pro Tag bezahlt werden. Da die wirtschaftlichen Verhältnisse in Livland eine ziemlich gleichmäßige Verteilung der im Laufe des Jahres zu bewältigenden Arbeitsmenge gestatten, so ist das Bedürfnis nach außergewöhnlichen Arbeitskräften gering. Die Tagelöhner, die auf den Guts- und Bauernhöfen nicht selten bei den Knechten zur Miete wohnen, also den Einliegern (Heuerlingen) in Ostdeutschland zu vergleichen sind, kommen hauptsächlich für die Ernte und für Waldarbeiten in Betracht. Ihr Erwerb ist daher sehr prekär, zumal bei zunehmender Intensität der Forstwirtschaft, die für Livland entsprechend der

Arealverteilung zwischen Wald und sonstigem Kulturland von großer Bedeutung ist, auf vielen Rittergütern besondere Waldknechte angestellt sind, deren Typus am meisten dem der sog. Landknechte entspricht. Der Tagelohn schwankt nach der Jahreszeit und der Gegend. Im Winter beträgt er 40 bis 50 Kop. pro Tag, im Sommer steigt er auf 60 bis 80 Kop., ja während der Ernte oft auf 1 Rbl. Bei diesen Lohnsätzen muß der Tagelöhner sich selbst beköstigen.

Bei obiger Schilderung der Landarbeiterverhältnisse haben wir vornehmlich den Großbetrieb auf den Rittergütern im Auge gehabt.

Auf den Bauernhöfen liegen die Dinge anders. Hier gibt es fast ausschließlich sog. Jahresknechte, die außer vollständig freier Verpflegung einen festen Jahreslohn erhalten und die Wohnung ihres Arbeitgebers teilen. Die sog. Bauernknechte gleichen also vollständig Dienstboten, von denen dieselbe Arbeitsleistung verlangt wird, die der Bauer von sich und seiner arbeitsfähigen Familie verlangt. Der Geldlohn ist durch das verminderte Arbeitsangebot der letzten Jahre und die erhöhten Luxusbedürfnisse der jungen Generation stark gestiegen; er beträgt zurzeit 70—120 Rbl. jährlich für einen Knecht und 25—50 Rbl. für eine Magd. Der Lohn eines sog. Bauernknechts ist also höher wie der eines sog. Hofesknechts. Dem höheren Lohn entspricht aber eine höhere Arbeitsforderung, da der Bauernknecht an der Seite seines Arbeitgebers arbeitet und infolgedessen unter beständiger, gewiß nicht nachsichtiger Kontrolle steht. Ferner werden den Knechten in der bäuerlichen Wirtschaft für alle Versäumnisse sei es durch Krankheit, sei es aus anderen Gründen, ferner auch für alle Schäden, die ihnen zur Last gelegt werden können, Abzüge vom Lohn gemacht, was in den Großbetrieben der Hofeswirtschaften nicht üblich ist. Auch ist die Lohnzahlung ganz unregelmäßig, da der Bauernwirt selten über Bargeld verfügt und in dieser Hinsicht auf den jeweiligen Produktenverkauf angewiesen ist, während der Knecht im Großbetrieb regelmäßig gelöhnt wird und nicht selten Vorschüsse erhebt. Ferner ist in Betracht zu ziehen, daß für den Bauernknecht durch seine Dienstbotenstellung und sein Leben in der Familie seines Dienstherrn die Möglichkeit der Ehe so gut wie ausgeschlossen ist.

Die von uns gegebene Darstellung der Verhältnisse der livländischen Landarbeiter beruht auf authentischen Daten aus allen Teilen des Landes. In bezug auf die Löhne gibt sie den Durchschnitt. Es muß aber ausdrücklich wiederholt werden, daß in den Ostseeprovinzen der Standard of life der Landarbeiter und dementsprechend die Löhne eine weitgehende Verschiedenheit je nach der Gegend aufweisen. Die Gründe hierfür liegen auf der Hand: die Nähe von Städten, insbesondere von Industriestädten, die Dichtigkeit der Bevölkerung, Kommunikations- und Absatzverhältnisse, Größe und Zahl der landwirtschaftlichen Betriebe, Lebensmittelpreise, kurz alle Erscheinungen, die Angebot und Nachfrage beeinflussen. Das Bild aber, das wir gewonnen haben, darf als im großen und ganzen richtig bezeichnet werden. Keineswegs sind die Verhältnisse der Landarbeiter zu rosig gefärbt. Eine soeben (Mai 1906) in der Gouvernementszeitung erschienene offiziöse Denkschrift[1]) schildert die Landarbeiterverhältnisse wesentlich günstiger als wir es getan haben. Die Denkschrift enthält eine Tabelle, in der die durchschnittliche Löhnung eines Landarbeiters in

[1]) „Erläuterung zu den Fragen des Programms für die Regelung der bäuerlichen Verhältnisse der baltischen Gouvernements, aufgestellt für die Sitzungen des Konseils des baltischen Generalgouverneurs." Beilage zu Nr. 50 der Livl. Gouv.-Zeitung vom 8. Mai 1906.

den kultivierteren Gegenden mit fruchtbarem Boden und günstigen Absatzverhältnissen nach den einzelnen Posten aufgeführt und nach der der Höchstbetrag der Ersparnisse, die ein Landarbeiter jährlich machen kann, berechnet wird. Diese jährlichen Ersparnisse werden auf 130—150 Rbl., in „Einzelfällen aber auch noch höher beziffert". Die Möglichkeit bedeutender jährlicher Ersparnisse illustriert die Denkschrift durch die Tatsache, daß in den Jahren 1890—1903 in Kurland 357 Bauernhöfe von durchschnittlich je 44—45 Dess. (= 48 bis 49 ha) von landlosen Knechten gekauft worden sind.

Ähnlich urteilt die lettische Zeitung „Baltijas Westnesis" (Balt. Anzeiger) vom 22. Februar 1900[1]). Sie wendet sich gegen die Behauptung einer russischen Zeitung in Riga, daß die langsame Zunahme der baltischen Landbevölkerung lediglich in der „Landlosigkeit" der Bauernknechte beruhe. „Als kleine Parzellenbesitzer würden die Knechte es wohl nie erleben, daß sie bei freier Kost und Wohnung noch 100 Rbl. oder mehr für ihre persönlichen Bedürfnisse übrig behalten, wie das bei den jetzigen Löhnen (1900) der Fall ist. Bei solchen Mitteln kann jeder hiesige Knecht einem Versicherungsverein beitreten oder 25—50 Rbl. jährlich auf Renten legen, wenn er sparsam und mäßig lebt.

„Warum", fragt im November 1899 die russische Zeitung „Rossija"[2]) ebenso naiv wie dünkelhaft, „warum kann der vom Schicksal vernachlässigte, geistig beschränkte lettische, estnische und littauische Lostreiber Land erwerben, reich werden und das Haupt erheben, während unser prächtiger, tapferer, großmütiger, kluger und von der Natur reich begabter Großrusse herunterkommt, zum Bettler wird und degeneriert?"

---

[1]) Vgl. Balt. Chronik 1900, S. 137.

[2]) Vgl. Balt. Chronik 1899, S. 65.

Ja, warum wohl! Sollte es nicht an der Verschiedenheit der baltischen und russischen Agrarverhältnisse und an dem Unterschied zwischen deutscher und russischer Kultur liegen?

Die Feststellung der Verhältnisse zwischen den Gruppen der landbesitzenden und landlosen bäuerlichen Bevölkerung ist äußerst schwierig, da sich das Verhältnis durch Übergang aus einer Gruppe in die andere beständig verschiebt.

Nach den vom Livländischen Gouvernementsstatistischen Komitee herausgegebenen „Materialen" (Teil I, Heft III, Tabelle 30), gab es in Livland exklusive Ösel:

Kleingrundbesitzer (Eigentümer von Bauernhöfen)	29 815
Bauerpächter (von Bauernhöfen)	10 159
Bauernknechte	71 610
Hofesknechte	24 428
	136 012
ferner: selbständige Landlose, die zu den Landgemeinden gehören	137 982
im ganzen	273 994

Von den „selbständigen Landlosen" lebt der weitaus größte Teil in den Städten als Fabrikarbeiter, Gewerbetreibende, Handwerker und Dienstboten; der Rest lebt auf dem Lande meist als Afterpächter und Tagelöhner (sog. Lostreiber).

Rechnet man auf einen Vollbauer (Gesindewirt) im Durchschnitt einen „selbständigen Landlosen", so würden in den Städten rund 100 000 Landlose leben.

Von den auf dem Lande lebenden rund 45 000 sog. selbständigen Landlosen ist ein Teil tatsächlich nicht landlos im strengen Sinne, insofern als er ein Stück Land in Pacht besitzt.

Unter den sozialen Fragen spielt in Livland die Landarbeiterfrage natürlich auch eine Rolle, aber in ungleich geringerem Maße als im verwandten ostelbischen Deutschland.

Das liegt daran, daß durch die livländische Agrargesetzgebung, wie wir gesehen haben, ein an den Boden gefesselter Bauernstand geschaffen worden ist, der wirtschaftlich lebensfähig und geschützt gegen Aufsaugung durch den Kapitalismus gewissermaßen eine Pflanzschule der Landarbeiter darstellt. Es ist allerdings die Frage aufgeworfen worden, ob die rund 44 000 Bauernhöfe Livlands dieser Aufgabe genügen können; ob es nicht notwendig wäre, die Bestimmungen über begrenzte Teilbarkeit der Bauernhöfe aufzuheben und auch hier den Grundsatz des freien wirtschaftlichen Verkehrs zur Geltung zu bringen. Diese Fragen sind nicht wenig beeinflußt worden durch die liberale russische Presse, für die jeder „Landlose" ein bedauernswerter Proletarier oder — wie der Russe sagt — ein „Unglücklicher" ist, dessen Los gebessert werden müsse, sei es auch auf Kosten der Allgemeinheit. Aber auch abgesehen von dieser verschwommenen und marklosen Gefühlspolitik ist dem Russen die Struktur der Agrarverhältnisse in den baltischen Provinzen ein Greuel, weil er bei aller Unkenntnis doch instinktiv ahnt, daß hier ein aristokratisches, also echtgermanisches Gebilde existiert, das seiner demokratischen Nivellierungssucht einen wirksamen Wall entgegenstellt. Daher die immer wiederkehrenden Angriffe der russischen Presse wider die Agrarverfassung der baltischen Provinzen, Angriffe, die sich einerseits durch absolute Unkenntnis der Verhältnisse, andererseits durch phrasenhafte Leidenschaftlichkeit und Verlogenheit auszeichnen. In dieser Hinsicht haben die Herren Katkow, Aksakow und Samarin in den weit kleineren Bordonoß, Suworin und Genossen würdige Nachtreter gefunden. Wie das nicht anders zu erwarten ist, hat auch die Regierung trotz der auf der Hand liegenden Mißerfolge auf den Domänengütern und trotz der offenbaren Sinnlosigkeit einer uniformen Behandlung der russischen und baltischen Agrarverhältnisse immer wieder in den normalen

Gang der Entwicklung eingegriffen. So wird das Märchen vom Landhunger weiterzeugend noch viel Unheil gebären, besonders wenn die Meute der schwindelhaften russischen Agrarbanken mit ihrem skrupellosen Parzellierungssystem auf die baltischen Provinzen losgelassen sein wird. — Tatsächlich ist das Bedürfnis nach kleinen Landstellen, d. h. die Schaffung eines besitzlichen Taglöhnerstandes nicht groß genug, um mit dem Prinzip des gefestigten bäuerlichen Grundbesitzes vollständig zu brechen. Besonders seitdem der durch die Wittesche Industriepolitik Ende der neunziger Jahre des vorigen Jahrhunderts veranlaßte Zug der Landbevölkerung in die Industriestädte ein plötzliches Ende gefunden hat und seitdem die rückläufige Bewegung allenthalben eingetreten ist.

Dem noch vorhandenen Bedürfnis könnte durch entsprechende Einschränkungen der Bestimmungen über die Minimalgröße der Bauernhöfe, etwa für Rayons mit vorwiegend gewerbetreibender und industrieller Bevölkerung oder durch Freigabe der Parzellierung einzelner Bauernhöfe nach dem Ermessen eines zuständigen Verwaltungsgerichtes genügt werden. Auch wäre die Schaffung von Parzelleneigentümern auf dem Bauernlande bei Wahrung eines gefestigten Stammgrundstückes von gesetzlicher Minimalgröße nicht von der Hand zu weisen, obgleich schon zurzeit die Möglichkeit vorliegt, Parzellen unter dem gesetzlichen Besitzminimum abzutrennen und zu verpachten. Es fragt sich eben, ob man der Schaffung von Zwergeigentümern gegenüber der Existenz wohlhabender Vollbauern und nicht zahlreicher Zwergpächter eine so große Bedeutung beimessen will, daß man das feste Gefüge der gegenwärtigen Agrarordnung erschüttert.

Diese Frage wird wohl in nächster Zeit entschieden werden, da die Invasion der russischen Bauernagrarbank und ähnlicher Kreditinstitute vor der Tür steht.

Wenn es gelingen sollte, einen anorganischen Eingriff in die Bauernverordnung zu verhindern, so würde eine Revision der Bestimmungen über die Minimalgröße der Bauernhöfe bei der in etwa 3 Jahren bevorstehenden Einführung der neuen Grundsteuerordnung vorzunehmen sein. Gleichzeitig wäre der Versuch zu machen, das von der Ritterschaft bereits 1895 vorgeschlagene bäuerliche Anerbenrecht, das nun über ein Dezennium im Staube eines Regierungsarchivs ruht, wieder zum Leben zu erwecken.

Es würde unter solchen Umständen ein organischer Ausbau der Kleingrundbesitzverhältnisse in der bisherigen gesunden Richtung zu erhoffen sein.

Kapitel III.

Die Vorbereitung des Bodens der Revolution durch die Grenzmarkenpolitik der russischen Regierung.

I. Die religiöse Bedrückung.

Von allen Phasen der Geschichte der Ostseeprovinzen ist keine so sehr dem deutschen Publikum bekannt, als die Zeit der Russifizierung, denn auf diesem Gebiete begegneten sich das leidenschaftliche Bedürfnis der Balten in Wort und Schrift Protest zu erheben wider die beispiellose Vergewaltigung einer friedlichen und stets loyalen Bevölkerung mit dem empörten Rechtsgefühl der deutschen Stammesgenossen.

Wir werden daher in unserer Darstellung das Hauptgewicht auf die Gebiete legen, deren Russifizierung zur Entsittlichung und Verwilderung des Landvolkes führten: Kirche, Volksschule, Justiz- und Verwaltungswesen; die übrigen Gebiete werden nur gelegentlich gestreift werden.

Der erste Angriff, der gegen die evangelisch-lutherische Kirche der Ostseeprovinzen erfolgte, liegt bereits weit zurück. Kaiser Nikolaus I. nahm ihr durch das Kirchengesetz von 1832 den Charakter der „Landeskirche", den sie nach dem Privilegium Sigismundi Augusti von 1561, der Petrinischen Kapitulation von 1710 und dem Nystädter Friedensschluß von 1721 beanspruchen konnte, während die griechische Kirche nach dem

Wortlaut des Nystädter Friedensschlusses (P. 10) in Livland und Estland „ebenfalls frei und ungehindert exerziert werden könne und möge". Durch das Kirchengesetz von 1832 wurde nun die lutherische Kirche in Livland gleich der des ganzen Reiches zu einer bloß geduldeten neben der herrschenden griechischen Staatskirche. Sehr bald setzte dann auch eine energische Propaganda der griechischen Kirche unter der bäuerlichen Bevölkerung der Ostseeprovinzen ein, nachdem 1836 in Riga ein selbständiges Bistum errichtet worden war. Die Hungerjahre 1839—41 gaben der Propaganda den günstigsten Nährboden. Die Popen spiegelten den Bauern vor: wer zur rechtgläubigen Kirche überträte, würde unentgeltlich Land erhalten und vom Militärdienst — der damals eine furchtbare lebenslängliche Last war — befreit werden. Daneben wurde verbreitet: wer nicht rechtzeitig überträte, der würde vom Adel leibeigen gemacht werden, nur die Konvertiten vermöge der Zar vor ewiger Knechtschaft zu schützen. Eine große Erregung verbreitete sich unter der Landbevölkerung. Viele Tausende ließen sich salben, was um so schneller vor sich gehen konnte, als in Livland von der vorschriftsmäßigen, der Salbung vorhergehenden Belehrungsfrist Abstand genommen, ja nicht einmal die persönliche Meldung verlangt wurde.

Als später die Konvertiten sich getäuscht sahen, da die Versprechungen nicht eingehalten wurden, mit Ausnahme der Verteilung einiger hundert Landparzellen auf den Domänengütern, da war es für viele Tausende zu spät, den übereilten Schritt gut zu machen. Die griechische Kirche hielt auch die widerspenstigen Neophyten in eiserner Klammer fest. Wer sich ihr einmal ergeben, der war ihr für ewig verfallen.

In einer furchtbaren Lage befanden sich die lutherischen Prediger, zu denen die betörten Konvertiten in ihrer Gewissensnot flüchteten. Ihr Gewissen gebot ihnen, den Irregeleiteten zu helfen und den Trost des Evangeliums zu spenden, das Gesetz bedrohte sie mit den härtesten Strafen, mit Amtsentsetzung und Verbannung nach Sibirien für jede seelsorgerische Tätigkeit an Gliedern der griechischen Kirche.

Gegen die lutherische Geistlichkeit richtete sich nun der Ansturm der zelotischen Popen, an deren Spitze der Bischof Philaret stand, den sein eigener, keineswegs freisinniger Nachfolger einen „Fanatiker" nannte. Es regnete Denunziationen und zahllose Untersuchungen wurden eingeleitet.

Als der Generalgouverneur Golowin, ein eifriger Beförderer der griechischen Propaganda, 1848 durch den aufgeklärten Fürsten Suworow ersetzt wurde, da geriet dieser mit Philaret wegen der Übergriffe der griechischen Geistlichkeit in das Gebiet der ordentlichen Gerichte in einen heftigen Streit. Philaret mußte Livland verlassen und die Verfolgungen der lutherischen Prediger milderten sich. Auch gelang es dem livländischen Generalsuperintendenten Ferdinand Walter im Verein mit der livländischen Ritterschaft, diejenigen Personen, die entweder während der sechsmonatigen Bedenkfrist zwischen Anmeldung und Salbung anderen Sinnes geworden oder zum Übertritt ohne ihr Wissen von Verwandten angemeldet worden waren, von der Salbung zu entbinden. Dagegen scheiterten aber alle im Einvernehmen mit Suworow gemachten Versuche, die den Provinzen vertragsmäßig zugesicherte Gewissensfreiheit wiederzuerlangen, am starren Widerstande der obersten geistlichen Behörde des Reiches, dem „heiligsten" Synod. Selbst der — allerdings schwankende — Wille des Kaisers Alexander II. vermochte diesen Widerstand nicht zu brechen[1]).

[1]) R. Baron Stael, Fürst Paul Lieven. Riga 1906, S. 23.

Mittlerweile wurden die konfessionellen Zustände in den Ostseeprovinzen unerträglich. Die Kinder der in den vierziger Jahren Abgefallenen wuchsen heran, gewissermaßen ohne Religion. Sie gehörten einer Generation an, die durch die Segnungen der Agrarreformen und einer sorgfältigen Volksschulbildung zu größerer wirtschaftlicher und sozialpolitischer Selbständigkeit geführt worden war; sie empfanden auf das stärkste das Bedürfnis nach religiöser Selbstbestimmung. Auf ihnen, die inmitten einer evangelisch fühlenden Bevölkerung aufgewachsen waren, lastete der Druck der zwangsweisen Zugehörigkeit zur griechischen Kirche auf das härteste.

Die Fälle, daß solche Konvertitenkinder öffentlich sich zum Luthertum bekannten, trotz aller Verfolgungen und Strafen, mehrten sich. Sie erteilten ihren Kindern die lutherische Nottaufe, sie schlossen Gewissensehen, sie erstahlen sich unter falschen Namen oder unter Verheimlichung ihrer Konfessionszugehörigkeit das Abendmahl in beiderlei Gestalt.

Die Regierung konnte diesen verzweifelten Zuständen nicht mehr müßig zusehen, zumal der Monarch und ihm nahestehende Kreise öffentlich ihr Mißfallen über das Vorgehen der Geistlichkeit ausgesprochen hatten. Auch hatte der Bericht des vom Kaiser im Frühling 1864 nach Livland gesandten Flügeladjutanten Grafen Bobrinski über die unmoralischen Machenschaften der orthodoxen Geistlichkeit und der Bureaukratie einen starken Eindruck gemacht. „Majestät!" — so hieß es in diesem vielgenannten Bericht[1]) — „sowohl als Glied der orthodoxen Kirche als auch als Russe hat es mich schwer berührt, mit eigenen Augen die Erniedrigung der russischen Rechtgläubigkeit als Folge eines klar dargetanen offi-

[1]) Stael 56. W. von Bock, Livl. Beiträge I. 1867. S. 47.

ziellen Betruges sehen zu müssen." Die Regierung sah also ein, daß etwas zur Beruhigung der Gemüter in den Ostseeprovinzen geschehen müsse. Es ist aber bezeichnend für die Ohnmacht der Zentralgewalt, insbesondere des unumschränkten Herrschers gegenüber starken nationalistischen Strömungen, daß das natürliche und einzige Mittel zur Herstellung der Ruhe und zur äußerlichen Wiederherstellung des geschädigten Ansehens der Staatsgewalt: die Verkündigung der Gewissensfreiheit, um welche die livländische Ritterschaft den Kaiser gebeten hatte, nicht erfolgte. Der Kaiser entschuldigte sich deswegen gegenüber dem livländischen Landmarschall Fürsten Paul Lieven am 4. Mai 1864: Der Bericht Bobrinskis habe ihn völlig erschüttert, doch habe er dem Vorschlag der diese Angelegenheiten beratenden Kommission nachgeben und auch dem Erzbischof Platon eine Visitationsreise durch Livland gestatten müssen[1]). Er habe den besten Willen und ihm sei jeder Gewissenszwang zuwider; leider sei aber die Gewährung der Gewissensfreiheit wegen des Bündnisses des Katholizismus mit der polnischen Insurrektion unmöglich. Dagegen würde er die Freiheit in den konfessionell gemischten Ehen gestatten. Dieses sei die Lösung der konfessionellen Wirren in den Ostseeprovinzen.

Trotz dieser kaiserlichen Zusicherung blieb alles beim alten. Die Visitationsreise des Erzbischofs gestaltete sich, wie aus den offiziellen Berichten des Zivilgouverneurs hervorgeht, zu einer schamlosen Farce. „Im Widerspruch mit der Pflicht eines christlichen Kirchenfürsten hat der Erzbischof die Leute, die es wagten, ihre bezüglichen Wünsche zu äußern, en canaille traktiert, ja sie öffentlich „Schweine" geheißen und namentlich

---

[1]) Offiz. Bericht des General-Gouverneurs. Balt. Mon. LX. 1905, S. 253ff.

erklärt, daß er nicht gekommen wäre, diese zu hören, sondern ausschließlich die treuen Glieder der Kirche."

Der Regierung berichtete der Erzbischof, daß der wahre Grund der Wirren in der traurigen ökonomischen Lage der orthodoxen Pächter zu suchen sei, die von den deutschen Gutsherren systematisch bedrückt würden. Auch an verleumderischen Hinweisen auf separatistische Tendenzen der Balten ließ er es nicht fehlen.

Der Kaiser äußerte dem Landmarschall gegenüber auf einer Audienz, die dieser am 1. November 1864 hatte, daß diese Verleumdungen keinen Eindruck auf ihn machten, ebensowenig wie der Vorwurf, daß die Anhänglichkeit der Balten an ihn, den Kaiser, größer sei als die an das russische Reich. Diese dynastische Treue gereiche in seinen Augen den baltischen Provinzen sicher nicht zum Schaden, und könne nur von einer schlecht gesinnten Partei ausgebeutet werden.

Die wohlwollende Gesinnung des Kaisers vermochte jedoch den Widerstand der panslavistischen Richtung nicht zu brechen. Hierzu bedurfte es eines äußeren Anlasses. Kein Geringerer wie Bismarck war es, der die Sache zur Entscheidung brachte[1]). In sehr deutlicher Weise hatte der preußische Ministerpräsident im Februar 1865 dem russischen Gesandten Oubril gegenüber auf den Eindruck hingewiesen, den die „Barbarei" des Vorgehens gegen die protestantische Kirche allenthalben in Westeuropa hervorrufe.

Daraufhin hielt es der Vizekanzler Fürst Gortschakow für angebracht, die Erleichterung des konfessionellen Druckes zu befürworten — schon um dem „Skandal vor Europa", den der

---

[1]) (Al. Buchholtz) Deutschprotest. Kämpfe in den balt. Prov. Rußlands. Leipzig 1888, S. 333; vgl. Russ. balt. Blätter, Leipzig 1886, I., S. 77 ff. und v. Bock, Beiträge. Neue Folge. I. V. (1871), S. 301 ff.

Kaiser besonders fürchtete, zu entgehen. So kam denn endlich der geheime Allerhöchste Befehl vom 19./31. März 1865 zustande, nach welchem bei Schließung gemischter Ehen das schriftliche Versprechen, die Kinder in der griechischen Konfession zu erziehen, nicht mehr verlangt wurde. Noch immer aber war die Scheu vor der orthodoxen Geistlichkeit und der slawophilen Partei so groß, daß die Regierung es nicht wagte, diesen Allerhöchsten Befehl in der Gesetzessammlung zu veröffentlichen.

Immerhin trat nun eine Linderung des drückenden Gewissenszwanges in den Ostseeprovinzen ein, trotz des hartnäckigen Eifers der orthodoxen Geistlichkeit, die — der Erzbischof Platon an der Spitze — den kaiserlichen Befehl ignorierten[1]). Die lutherischen Pastoren wurden in dem Konflikt der Pflichten, der ihnen durch die an den Rekonvertiten vollzogenen Amtshandlungen erwuchs, durch den kaiserlichen Befehl und mehr noch durch die in ihm enthaltene Manifestierung einer milderen Auffassung der Dogmen der Staatskirche wesentlich entlastet und konnten trotz aller Verfolgungen und Maßregelungen ihrem Gewissen folgen. Als 1871 dem livländischen Konsistorium aufgetragen wurde, gegen einzelne Prediger das Strafverfahren wegen an Personen orthodoxer Konfession vorgenommener Amtshandlungen einzuleiten, erwies es sich, daß in Livland von 105 Predigern sich nur zwölf dieses Vergehens nicht schuldig gemacht hatten, und zwar, weil es in ihren Kirchspielen keine Orthodoxen gab. Im Hinblick auf diese Tatsache, welche die Unhaltbarkeit der bestehenden Zustände auf das eindringlichste illustrierte, erklärte das livländische Konsistorium dem Generalkonsistorium, daß ein Vorgehen gegen einzelne Pastoren zur Amtsentsetzung fast sämtlicher

[1]) Vgl. v. Bock, Livl. Beitr. Neue Folge. S. 295.

Pastoren führen würde. Inzwischen war die öffentliche Meinung des protestantischen Europa lebhaft gegen die religiöse Bedrückung in den Ostseeprovinzen eingetreten. 1870 und 1871 hatte die evangelische Allianz sich an Kaiser Alexander II. während dessen Anwesenheit in Deutschland mit der Bitte um Linderung des Gewissenszwanges gewandt — welche Bitte vom Kaiser wohlwollend aufgenommen wurde.

Auch die livländische Ritterschaft und der ehemalige Generalgouverneur Graf Peter Schuwalow traten wiederholt für die Gewissensfreiheit ein. Wenn auch dieses Ziel nicht erreicht werden konnte, so gelang es doch, die Niederschlagung sämtlicher wider die lutherischen Prediger schwebenden Religionsprozesse durch den ministeriellen Erlaß vom 22. Juli 1874 durchzusetzen.

Die Rekonvertiten wurden fortan als Lutheraner angesehen [1]).

Diese milde Praxis fand mit dem Regierungsantritt Alexanders III. ein Ende.

Es ist bekannt, wie sehr dieser Monarch unter dem Einfluß des panslawistisch-orthodoxen Regimes des fanatischen Oberprokurators des heil. Synods, Konstantin Pobjedonoszew, stand. Alexander III., der auf den Bericht eines der baltischen Gouverneure über Maßnahmen zur Unterstützung der Orthodoxie eigenhändig bemerkte: „Alles dieses gleicht einer Propaganda der Orthodoxie, das kann ich keineswegs dulden" [2]), vernichtete durch einen Federstrich den Toleranzbefehl seines Vaters von 1865, den Pobjedonoszew „für eine Kränkung für ganz Ruß-

[1]) Urteil d. Petersb. Appellationshofs in Sachen d. P. Grün.

[2]) Vgl. A. v. Villebois: „Staatskirche und Landeskirche in den deutschen Ostseeprovinzen Rußlands", Westnik Jewropy, Jan. 1898 (russ.). Deutsch als Mskr. gedr. Riga 1898, S. 7. Vgl. ibid. S. 16.

land" [1]) erklärt hatte, setzte damit die Wirksamkeit des barbarischen russischen Strafgesetzes in allen interkonfessionellen Fragen wieder in Kraft und befahl der livländischen Ritterschaft auf ihre erneute Supplik um Glaubensfreiheit vom Herbst 1885 „solche Gesuche nie mehr vorzubringen" [2]).

Die unglückselige lutherische Kirche der Ostseeprovinzen mußte nun von neuem den alten Leidensweg beschreiten; derselbe Gewissenszwang, dieselben Verfolgungen der von der Orthodoxie Abgefallenen, dieselben Maßregelungen der Prediger, denen ihr Gewissen gebot zu handeln nach dem Worte der Schrift: „Gebet dem Kaiser, was des Kaisers ist, und Gott, was Gottes ist."

Die ganze entsetzliche Not jener Zeit steht uns, die wir in ihr erwachsen sind, noch lebhaft vor Augen.

Die Situation hatte sich gegen früher bedeutend dadurch verschärft, daß nicht nur gegen das Luthertum vorgegangen wurde, sondern, wie schon 1869 der Generalgouverneur Albedinsky in seiner berüchtigten Denkschrift [3]) gefordert hatte, gegen das Deutschtum. Es galt nicht nur eine religiöse, sondern eine nationale und politische Unterdrückung. Die lutherische Kirche wurde als ein gefährlicher Machtfaktor des separatistisch gesinnten deutschen Elements dargestellt, als ein Mittel, die Geister der „unterdrückten" Esten und Letten zu knebeln und diese zu germanisieren, kurz als einer der Faktoren, die der Verschmelzung des Ostseegebietes mit dem Reich hindernd im Wege stehen.

---

[1]) Vgl. Balt. Monatsschr. 1905, S. 156.

[2]) Vgl. Russ.-balt. Blätter, III, S. 22 und (Al. Buchholtz), Deutschprotestant. Kämpfe usw., l. c. S. 357.

[3]) (Al. Buchholtz), Fünfzig Jahre Russ. Verwaltung in den Balt. Provinzen. Leipzig 1883. S. 287 ff.

Dieses panslawistische Programm geht deutlich hervor aus dem Briefe Pobjedonoszews an die reformierte Geistlichkeit Schaffhausens, die im Dezember 1886 vergeblich an seine christliche Einsicht appelliert hatte [1]; dieses Programm ist auch sonst mit aller Deutlichkeit proklamiert worden [2]. Daß es mit allen — auch den unmoralischsten — Mitteln durchgeführt wurde, dafür bürgten der fanatische Haß und der zähe Charakter Pobjedonoszews. Es sei nicht vergessen, daß ihm der reformierte Petersburger Konsistorialrat Dalton „offenkundige Unwahrheit" bei seinen Behauptungen über die lutherische Geistlichkeit nachgewiesen hat [3].

Hand in Hand mit dem Angriff gegen das Luthertum ging eine neuentfesselte energische Propaganda, die sich derselben Mittel bediente wie die Propaganda der vierziger Jahre, nur daß sie dabei vorsichtiger verfuhr [4]. Denn daß damals Eigennutz und materielle Absichten bei den Übertritten zur Orthodoxie mitgewirkt hatten, hatte selbst Pobjedonoszew in seinem Bericht für das Jahr 1883 zugeben müssen [5]. Aber schon die Tatsache, daß die Konvertiten von den kirchlichen Reallasten, die auf dem Grundbesitz aller Lutheraner ruhen, gesetzlich befreit werden, ist geeignet, einen sittlich niedrig-

---

[1] Russ.-balt. Blätter IV, (1888) S. 70 f.

[2] Vgl. Eine Unterredung mit Pobjedonoszew. Balt. Mon. 1905, S. 154 ff.

[3] S. H. Dalton, „Offenes Sendschreiben an K. Pobjedonoszew." Leipzig 1889. S. 23 f. Vgl. auch Balt. Mon. 1897, Beilagen zur Balt. Chronik 1896-97, S. 24, wo eine andere „Unwahrheit" Pobjedonoszews nachgewiesen wird.

[4] Über die Form der offiziellen Propaganda, vgl. den Hirtenbrief des Erzbischofs Arssenij an die Geistlichkeit der Rigaschen Eparchie in Nr. 1 der Rigasch. Eparchialzeitung von 1897. Deutsch in Balt. Mon. 1897. Beilage zur Balt. Chronik 1896/97.

[5] Vgl. A. v. Villebois l. c. S. 5.

stehenden Menschen zum Übertritt zu verführen. Daß daneben inoffiziell Versprechungen anderer materieller Vorteile als Landzuweisung und Straferleichterung bei Kriminalverbrechen vorgekommen sind und in zahlreichen Fällen Erfolg gehabt haben, ist eine Tatsache, die bewiesen werden kann. Es sei hier ein einziger Fall registriert: Am 6. Januar 1887 sagte der griechische Pope in der estnischen Kirche der Kreisstadt Fellin in einer Ansprache wörtlich: Einem jeden, der die griechisch-orthodoxe Religion angenommen hat, ist Land zugeteilt worden, und ein jeder, der noch zu ihr übertreten wird, soll auch Land erhalten; dieses ist der Befehl unseres Allergnädigsten Kaisers und Herrn [1]).

Charakteristisch für die Form der Propaganda ist die Tatsache, daß neben der offiziellen Tätigkeit der griechischen Kirche diesem Zwecke auch eine private, staatlich anerkannte und unterstützte Vereinigung dient, die „baltische Brüderschaft", deren einzige Aufgabe in der Förderung der Orthodoxie und der Missionstätigkeit unter den „Andersgläubigen" der Ostseeprovinzen besteht. Diese Brüderschaft, die dem „heiligsten Synod" unterstellt ist und aus zehn Abteilungen besteht, genießt das höchste Vertrauen und Wohlwollen der Regierung und verfügt über bedeutende Mittel.

Neben dieser triumphierenden Stellung der Staatskirche befindet sich die lutherische Landeskirche in der Lage einer nur geduldeten Sekte.

Wie demütigend, ja entwürdigend diese Lage ist, wird durch den Umstand dargetan, daß zum Bau lutherischer Gotteshäuser gemäß der Vorschrift des Ministers des Innern vom 13. Oktober 1885 die Genehmigung der orthodoxen Eparchialobrigkeit erforderlich ist — während der griechischen Kirche

---

[1]) S. Russ.-balt. Blätter III, S. 90.

durch Gesetz vom 10. Februar 1886 sogar das Recht der Enteignung privater Immobilien erteilt worden ist [1]).

In den letzten zehn Jahren hat eine mildere Handhabung der Machtmittel der griechischen Kirche Platz gegriffen, nachdem die Notlage durch die Gewissensnot der Rekonvertiten und die zahlreichen Pastorenprozesse (über zweihundert) ihren Höhepunkt erreicht hatte, so daß Kaiser Alexander III. selbst in einer Randbemerkung zu einer Supplik 1893 die Situation als eine „wirklich verzweifelte" (wörtlich: ohne Ausgang) bezeichnete [2]) und am 27. Juni 1894 verfügte, daß neuerhobene Anklagen wider lutherische Prediger von den Ministern des Innern und der Justiz und dem Oberprokurator des Synods daraufhin zu prüfen seien, ob sie niederzuschlagen oder zu verfolgen seien.

Aber erst das Toleranzedikt vom 17. April 1905 hat dem Marthyrium der lutherischen Kirche in den Ostseeprovinzen ein Ende gemacht. Ob die Verheißungen dieses Ediktes in Erfüllung gehen werden, ob wirkliche unbeschränkte Gewissens- und Glaubensfreiheit eintreten wird, das wird die nächste Zukunft lehren.

Was aber durch den Fanatismus zelotischer und unwissender Popen und den blinden Eifer beschränkter und böswilliger Beamten gesündigt worden ist, das ist nicht mehr gut zu machen.

Wie zersetzend und demoralisierend die griechische Geistlichkeit Livlands gewirkt hat, sowohl indem sie durch Anwendung unsittlicher Mittel bei ihrer Propaganda die niedrigen Instinkte der Massen weckte, als auch, indem sie die in Gewissensnot Verzweifelnden zwang, Sitte und Gesetz beiseite zu lassen, das hat die Revolution gezeigt, die überall dort, wo

---

[1]) Russ.-balt. Blätter III, S. 91 f.

[2]) v. Villebois l. c. S. 15.

eine konfessionell stark gemischte Bevölkerung existiert, einen besonders günstigen Nährboden gefunden hat. Hierauf werden wir an anderer Stelle noch zurückkommen und wenden uns nun der Russifizierung auf dem Gebiete des Schulwesens zu. Hierbei wollen wir uns entsprechend dem Zweck dieser Untersuchungen auf die Volksschule beschränken, deren Umwandlung in allererster Linie der Revolution den Boden geebnet hat, während die gleichzeitige Russifizierung der Mittel- und Hochschulen hauptsächlich indirekt der Revolution in die Hände gearbeitet hat, indem sie ein Heer nihilistischer Lehrer und Studenten in die Ostseeprovinzen führte, die, wie wir sehen werden, sich an der politischen Propaganda lebhaft beteiligten.

2. Die Russifizierung der Volksschule.

Die Volksschule in den Ostseeprovinzen stammt in ihren Uranfängen aus einer weit zurückliegenden Zeit. Sie ist ein kirchliches Institut, dessen vornehmste Aufgabe es war, das religiös-sittliche Bewußtsein der Massen zu heben. Daher waren die ersten Volkslehrer die Diener der Kirche.

Als die deutschen Kreuzfahrer Livland dem Christentum gewannen, verfuhren sie mit ungewöhnlicher Milde gegen die getauften Heiden [1]). Während in Preußen die Exekutionen der abgefallenen Neophyten einen breiten Raum in der Kolonisationsgeschichte einnehmen, lesen wir in Heinrichs von Lettland Chronik von Schonung und Vergebung „um der heiligen Taufe willen". Der Grund zu diesem dem Zeitgeist keineswegs entsprechenden Verfahren lag natürlich nicht in Erwägungen humanitärer Natur, sondern in der Erkenntnis,

[1]) Vgl. K. v. Freymann, Über den Geist der livl. Kolonisation. in Balt. Mon. Bd. 58, 1904, S. 38 f. und A. v. Transehe, Die Eingeborenen Alt-Livlands im 13. Jahrhundert. Ebenda Bd. 43, 1896, S. 367 und passim.

daß eine dauernde Beherrschung der über ein weites und wildes Land zerstreuten Eingeborenen durch eine Handvoll Krieger und Geistlicher — ohne Beihilfe des wichtigsten sonstigen Kolonisators: des Bauers — nur denkbar sei durch friedliche Gewinnung der Eingeborenen, mit denen zusammenzuleben eine Schicksalsnotwendigkeit erschien.

Nicht nur weil der Besitz des Landes durch äußere Feinde, Russen und Litauer, in Frage gestellt wurde — nein, auch weil ein entvölkertes Land keinen Gewinn darstellt. Mit unleugbarem diplomatischen Geschick verstanden die klugen Priester die Interessen der Eingeborenen mit den ihrigen zu verknüpfen. Besonders die wenig mannhaften Letten (Lettgallen), deren Vergangenheit, wie der Chronist berichtet, in beständiger Furcht vor den umwohnenden Nationen, Russen, Litauer, Esten und Liven verlaufen war, wurden überraschend schnell gewonnen.

Anpassungsfähig, wie alle unterdrückten Nationen, erkannten sie sofort die Vorteile der christlichen Taufe, die ihnen Bündnis und Schutz der „Eisenmänner" gewährte. Auch das Gefühl der befriedigten Rache an den bisherigen Peinigern spielte, wie wir wissen, eine große Rolle. Die Unterwerfung der übrigen Völkerschaften ging längst nicht so friedlich vor sich, insbesondere die Esten und Semgallen kämpften, wie wir oben gesehen haben, noch lange für ihre Freiheit.

Immer aber zeigte sich als leitender Grundgedanke der Unterwerfung: möglichst weitgehende Schonung des Lebens und des Besitzes der Neugetauften.

Durch diese Politik befestigten die deutschen Eroberer ihre Herrschaft. An eine Germanisierung der Eingeborenen war nicht zu denken. Die Entnationalisierung eines Volkes ist überhaupt nur möglich bei friedlicher Aufsaugung durch eine kulturell zwar höher aber wirtschaftlich nahestehende Gruppe eines anderen Volkes. So sind die Slaven in den ostdeutschen Städten durch die deutschen Bürger, in den ostdeutschen Landschaften durch die deutschen Bauern germanisiert worden. In Livland gab es keine Städte der Eingeborenen, die Städte waren vielmehr deutsche Gründungen; dagegen war das ganze flache Land mit Ausnahme der wenigen Burgen, Klöster und Pfarren ausschließlich von Eingeborenen besiedelt. Die Form, wie diesen die deutsche Kultur zugeführt wurde, war zunächst nur religiöse Unterweisung durch die Geistlichkeit. An irgend einen geordneten Unterricht — etwa im Lesen und Schreiben — ist dabei in den meisten Fällen nicht zu denken. Erst später mögen Eingeborene in größerer Anzahl in den Dom- und Kirchenschulen zu Priestern erzogen worden sein. Daß schon im 13. Jahrhundert Eingeborene zu Priestern geweiht wurden, erfahren wir aus Heinrichs von Lettland Chronik; ob in so früher Zeit geistliche und andere Bücher in die Landessprachen übersetzt worden sind, wie dieses in Preußen geschah, wo der Legat Wilhelm v. Modena 1224 die Grammatik des Älius Donatus ins Altpreußische übersetzte[1]), wissen wir nicht. Da die reformatorische Tätigkeit des Legaten hauptsächlich nach Livland fällt, so ist aber eine solche Annahme nicht unberechtigt.

Die Zeit des Mittelalters können wir füglich kurz übergehen, da das Schulwesen bei dem Mangel an Profanschulen von keinem bedeutenden Einfluß auf die Volksbildung sein konnte. Die erste weltliche Stadtschule ist 1428 in Reval gegründet worden[2]). Die Schulung verfolgte eben meist religiöse Zwecke. Daß die katholische Kirche nichts für die sittliche Hebung des Volkes getan und sich nur im Formelwesen bewegt habe, da ihre einzige Absicht die Herrschaft über die

---

[1]) F. Amelung, Balt. Kulturstudien. Dorpat 1884 und 1885. S. 64.
[2]) l. c. S. 213.

Geister gewesen sei, ist eine Lehre, der man wie überall auch in unserer Geschichte immer wieder begegnet, eine Lehre, die auf einseitiger protestantischer Geschichtsauffassung basiert und keineswegs richtig ist[1]).

Es sei hier auf die Kirchenstatuten des Erzbischofs Henning von Riga vom Jahre 1428 hingewiesen, die nicht nur die sittliche Hebung der niederen Geistlichkeit bezweckten, sondern auch die Stärkung des christlichen Bewußtseins und der Sittlichkeit des Landvolkes im Auge hatten. Bemerkenswert ist die Bestimmung der Statuten, daß zu Pfarrämtern nur solche Personen befördert werden sollen, welche der Idiome ihrer Eingepfarrten völlig mächtig sind. Bereits im Amt befindliche Pfarrer, denen jene Fähigkeit abgeht, wurden verpflichtet, binnen Jahresfrist sich Kaplane zuzugesellen, welche die Landessprache beherrschen[2]). Ähnliche Zwecke hatte bereits der Beschluß der livländischen Herren und Stände auf dem Landtage zu Walk vom 28. Januar 1422 verfolgt[3]).

Auch in der Folgezeit bemüht sich die katholische Geistlichkeit, der undeutschen Bevölkerung die christlichen Sittenlehren zu vermitteln, wie besonders die Synodal- und Visitationsordnungen der Öselschen Bischöfe Johannes von Orgis und Johannes Kyvel 1505, 1517 und 1519 beweisen. Streng wurde auch darauf gesehen, daß Predigt und Lehre in den Landessprachen (in ydiomate vulgari) stattfanden, daß Kinder und Unwissende in den Grundwahrheiten des Christentums

---

[1]) Über Rüssow vgl. oben S. 5 auch Th. Helmsing, Abriß baltischer Kirchengeschichte. Eisenach 1875. Vgl. Amelung l. c. S. 213 f.

[2]) Liv-, est- und kurländ. Urkundenbuch Bd. VII. Edit. H. Hildebrand Nr. 690. Einleit. und S. XXV.

[3]) C. Schirren, Verzeichnis livl. Geschichtsquellen. Dorpat 1861 bis 1868. S. 14 zur Datierung, vgl. Est.-Livl. Brieflade III, S. 61 und Hildebrand, Arbeiten f. d. Urk.-Buch 1875—76, S. 8.

unterrichtet würden, daß die Bauern die Gebete in ihrer Sprache (in loquela Estonica) lesen und sprechen lernen [1]). 1521 beschloß der Ösel-Wieksche Landtag auf Antrag des Bischofs Kyvel, daß jede Herrschaft auf ihren Gütern einen „Armen" zu halten hätte, der die Kinder im Glauben und in den zehn Geboten zu unterrichten hatte[2]). Die Gründung einer Hochschule in Alt-Pernau oder Dorpat wurde ins Auge gefaßt, wo auch Kinder der Bauern, die dazu Lust bezeigten, studieren konnten, um als Kirchspielspfarrer einst ihren Volksgenossen dienen zu können.

Ähnliche Bestrebungen in der Volksbildung verfolgten auch die Rigaschen Erzbischöfe Jasper Linde (1509—1524) und Johann von Blankenfeld (1524—1527). Hier sehen wir an der Schwelle des Reformationszeitalters die Uranfänge der Volksschule.

Ein irgend wesentlicher Fortschritt in der Volksbildung während des 16. Jahrhunderts zeigt sich auch nach der Reformation nicht. Es handelte sich dabei in erster Linie um religiöse Unterweisung aus religiösen Gründen[3]). So heißt es noch 1578 in Balthasar Russows Chronik: „Denn etliche vom Adel haben in Betrachtung ihres Seelenheils und der Seligkeit ihrer armen Bauern eigene Prediger, der undeutschen Sprache erfahren, auf ihre eigenen Unkosten und Besoldung

---

[1]) Synodalstatut des Bfs. Johannes v. Ösel, von 1505 (23. Juni) und Anhang dazu in Liv-, Est- und Kurländ. Urkundenbuch, 2. Abt. Bd. II. Edit. L. Arbusow. 1905. Nr. 781 u. 782.

[2]) 1521 (20. Sept.). Artikel des Bfs. Joh. Kyvel, der Ritterschaft zur Beratung vorgelegt.

Königl. Geh. Archiv, Kopenhagen. Sammlung Livonica. Bl. 35 a; vgl. Hildebrand, Urk.-Arb. 1875—76. S. 88 u. Amelung l. c. S. 251 ff.

[3]) Vgl. die Urk. von 1524, 1537 und 1552 in Hupels Neuen Nord. Miszellaneen. Bd. VII. 1794. S. 272, 303 und 343.

in ihren Höfen gehalten, welche alle Sonntage die Bauern und das Gesinde in der Lehre des Katechismi unterrichten mußten. Und etliche tugendsame Witwen und Matronen vom Adel haben sich auch nicht geschämt, in Ermangelung eines Pastors ihren Bauern und ihrem Gesinde in ihren Höfen die fünf Stücke des Katechismi auf undeutsch vorzulesen und sie zu aller Gottesfurcht zu ermahnen"[1]). Eine Tradition, der die Frauen vom livländischen Adel drei Jahrhunderte durch treu geblieben sind!

Es ist hier nicht der Ort, auf die Volkserziehung des 16. Jahrhunderts, die noch eng mit den Traditionen des Katholizismus im Zusammenhang stand, näher einzugehen. Der Hauptnachdruck lag in der Verstärkung der kirchlichen Seelsorge. Auf diesem Gebiete hat besonders Herzog Gotthard von Kurland (1562—1587) im Einvernehmen mit der Ritterschaft Rühmliches getan. In seiner „Kirchenreformation" von 1570 wird auch auf die Schulen ein ganz besonderes Gewicht gelegt. Bei allen Kirchen sollen solche angelegt werden. Von den Lehrern heißt es in der Kirchenordnung von 1570: „Sie sollen sich eines christlichen, sittlichen und anständigen Lebens befleißigen und die Jugend besonders im Katechismus unterrichten und zum Gottesdienst anhalten, dann dafür sorgen, daß die Knaben gute Fortschritte in den freien Künsten und Sprachen machen und gute Sitten annehmen"[2]). Auch die

[1]) Balthasar Russows Livl. Chronik (1598), hochdeutsch von Ed. Pabst, Reval 1845. S. 83 f. Vgl. auch die Urk. von 1532. Reinholt Orgis auf Idel überläßt dem Prediger von Allendorf einen halben Haken Landes, wofür dieser einen jungen Letten zum evangelischen Prediger auszubilden habe, „der armen Bauernschaft und Christengemeinde zum Trost". Rig. Sitzungsberichte 1877. S. 99.

[2]) Th. Kallmeyer, „Die Begründung der evang.-luther. Kirche in Kurland durch Herzog Gotthard." Mitteil. a. d. Livl. Gesch. Bd. VI (1852), S. 164.

bisher meist nur handschriftlich vorhandenen lettischen Texte biblischer und anderer Erbauungsschriften wurden stark vermehrt und in Druck gebracht[1]). Die Aufnahme lettischer Knaben in die höheren Mittelschulen (Partikularschulen) wurde ausdrücklich in Aussicht genommen[2]).

Während so in Kurland Herzog und Ritterschaft ihr Kirchen- und Schulwesen ausbauen konnten, wurde in Livland jede Entwicklung durch die seit 1558 fast beständig tobenden Kriege gehemmt. Zwar war durch die Unterwerfungsverträge von 1561 und 1562 die unbehinderte Ausübung des lutherischen Glaubens durch die Krone Polen gewährleistet worden und in dem Vertragsinstrument vom 25. und 26. Dezember 1566 über die Union Livlands mit dem Großfürstentum Litauen nicht nur die Religionsfreiheit ausdrücklich gewahrt, sondern auch die Errichtung von Kirchen und Schulen für alle Stände, insbesondere auch für die Bauern (plures etiam scholas et ecclesias pro rustica plebe instituendas) stipuliert worden[3]), doch brachen die Polen nach Vertreibung der Russen 1582 diese Verträge[4]), und es begann eine offene Polonisierung und Katholisierung, wobei sich die Jesuiten, an ihrer Spitze der päpstliche Nuntius Antonio Possevino, besonders hervortaten. Die beschworenen Verträge wurden annulliert, die lutherische Landeskirche für eine Sekte erklärt. Genau die-

[1]) Kallmeyer S. 190 ff. Vgl. C. E. Naepiski, Chronolog. Konspekt der Lettischen Literatur von 1587—1830. Magazin d. lett. literar. Ges. Bd. 3, 2 u. 3. Mitau 1831.

[2]) Kallmeyer S. 119.

[3]) Urkunde vom 25. und 26. Dezember 1566 in Ziegenhorn l. c. Nr. 64 (Beilagen S. 75).

[4]) Constitutiones Livoniae vom 3. und 4. Dezember 1582; ibid. Nr. 83. Vgl. Th. Schiemann, Historische Darstellungen und archivalische Forschungen, 1886, S. 103 ff. und T. Christiani, Die Gegenreformation in Livland. Balt. Mon. Bd. 36 (1889).

selben Vorgänge, wie sie drei Jahrhunderte später durch die russische Regierung in Szene gesetzt wurden!

Unter diesen Umständen kann es nicht wundernehmen, daß Glaube, Sitte und Volksbildung, die an und für sich nicht fest wurzelten, auf eine tiefe Stufe herabsanken. In Estland, dessen westlicher Teil allerdings schon seit 1561 zu Schweden gehörte, stand es wegen der beständigen Kriegsnot nicht viel besser[1]). Der Volksunterricht beschränkte sich ausschließlich auf Katechisationen durch die Prediger, die aber bis zur Regierung Gustav Adolfs keineswegs systematisch durchgeführt wurden.

Erst dieser Monarch, der unter seinem Zepter Livland und Estland vereinigte, ergriff energischere Maßregeln zur Hebung des Kirchen- und Schulwesens.

Ein geordnetes Kirchenregiment wurde eingesetzt, Kirchen und Schulen instand gesetzt oder neu erbaut, regelmäßige Visitationen angeordnet, den Predigern Katechisation der eingepfarrten Bauern vorgeschrieben[2]). 1630 gründete der Gouverneur Skytte in Dorpat ein Gymnasium, an dem auch Unterricht im Lettischen und Estnischen gehalten werden sollte. Dieses Gymnasium wurde 1632 durch Gustav Adolf zur Uni-

[1]) Vgl. T. Christiani, Bischof Dr Rudbeckius 2c., in Balt. Mon. Bd. 44 (1900), und G. O. F. Westling, Kirche, Gesetz 2c. in Estland zur Zeit der schwedischen Herrschaft, und desselben Mitteilungen über die Kirchenverfassung in Estland 2c., und Mitteilungen über den Volksunterricht in Estland 1561—1710, in Beiträge zur Kunde Est-, Liv- und Kurlands, Bd. 5 (1900).

[2]) Konsistorial- und Kirchenvisitationsordnung von 1634, 13. Aug., in v. Buddenbrocks Sammlung der Gesetze, welche das heutige livländische Landrecht enthalten. Bd. II (1821), S. 133. Vgl. Das Volksschulwesen in Liv-, Est- und Kurland, in Balt. Mon. Bd. 21 (1872), S. 530; G. Sonntag, in Albanus Livl. Schulblätter, 1815, S. 86 f.; F. Hollmann, Die Volksschule in Livland. 1876, l. c. S. 23 ff.

versität erhoben. — Noch immer aber bestand der Volksunterricht fast ausschließlich in der Katechisation durch die Geistlichen, auf Lokalvisitationen und Hausbesuchen. Abgesehen davon, daß die Prediger häufig diese Pflichten nicht erfüllten, sträubten sich auch die Bauern dagegen. „Oft ereignete es sich, daß, wenn der Geistliche in ein Dorf kam, die Jugend insgesamt in den Wald lief, während die Alten sich unwillig zeigten und erklärten, sie könnten Gottes Wort unmöglich in ihren alten Tagen lernen, wenn sie es nicht in der Jugend getan haben"[1]). Die bis gegen Ende des 17. Jahrhunderts in Estland und Livland errichteten Kirchspielsschulen, wo den undeutschen Kindern etwas mehr als bloß religiöser Unterricht geboten wurde, waren wenig zahlreich. Besonders mangelte es an Schulmeistern aus dem verständlichen Grunde, daß diese die undeutschen Sprachen vollständig beherrschen, also selbst Undeutsche sein mußten. Der Schulunterricht lag in den Händen der Küster, die nach der Verordnung des Oberkonsistoriums von 1650 bei jeder Kirche vorhanden sein mußten, nach den Visitationsprotokollen von 1668 und 1669 aber nur bei einzelnen Kirchen fungierten[2]).

Eine Besserung trat unter der Regierung Karls XI. ein. 1671 wurden den bereits 1650 für die vier Kreise Livlands errichteten Behörden für das äußere Kirchenwesen (Oberkirchenvorsteherämter) regelmäßige Visitationen der Kirchen und Schulen zur Pflicht gemacht. 1673 wurde Johann Fischer zum Generalsuperintendenten berufen, ein Mann voll unermüdlichen Eifers für die Volksbildung, der sich um die Übersetzung der Bibel ins Lettische und Estnische bemühte und sein Augenmerk auf die Ausbildung tüchtiger Küster und Lehrer

---

[1]) Siehe Westling l. c. S. 236.

[2]) Vgl. Tobien, Agrargesetzgebung S. 37.

richtete. Propst Glück zu Marienburg — in dessen Hause bekanntlich die spätere Kaiserin Katharina I. gelebt hat — gründete 1683 mehrere Schulen in seinem Kirchspiel, aus denen schon in den Jahren 1684 und 1685 Zöglinge als Schulmeister entlassen wurden. „So wurde" — berichtet Glück selbst — „das Land mit Schulmeistern bepflanzt, und wo keine Schulhäuser, nahmen die Pastores selbe ins Haus"[1]). 1684 wurde in Bischofshof bei Dorpat ein wirkliches Lehrerseminar gegründet, wo 160 undeutsche Knaben auf Staatskosten erzogen und nach zweijährigem Kursus als Schulmeister in die Kirchspiele entlassen wurden. Diese Einrichtungen hatten Erfolg. Die Schulen auf dem flachen Lande mehrten sich, in allen Kirchspielen der Krone wurden Schulen angelegt, und 1687 beschloß der Livländische Landtag, daß gleichwie auf den Domänen auch auf den adligen Gütern in jedem Kirchspiel ein Küster bestellt werden soll, der zugleich Lehrer sein soll, auch, wo erforderlich, Schulen gebaut werden sollen. 1692 fehlen solche Kirchspielsschulen nur noch bei einigen „adligen Kirchen und Gemeinden". Der Landtag beschließt, für Einrichtung der fehlenden Schulen Sorge zu tragen[2]).

Die entsetzlichen Verwüstungen des nordischen Krieges machten auch diesen vielversprechenden Anfang zur allgemeinen Volkserziehung zunichte.

Bis zur Mitte des 18. Jahrhunderts blieben die Volksschulverhältnisse sehr mangelhaft. 1736 wurde durch eine Generalschulvisitation festgestellt, daß in ganz Livland 108 Volksschulen, und zwar 78 Kirchspielsschulen und 30 sog. Hofsschulen, d. h. von den Gutsherren auf dem Gutshof eingerich-

[1]) Vgl. Tobien, Agrargesetzgebung, S. 38. Über J. Fischer und E. Glück s. auch Th. Döbner, Die Geschichte der lettischen Bibelübersetzung, in Magazin der lett. literar. Ges., Bd. 19, 2, 1893, S. 12 f.

[2]) Balt. Mon. 1872, S. 531.

tete Volksschulen existierten, die zusammen etwa 1300 Schüler aufwiesen[1]). Erst der Landtag von 1765 schuf eine durchgreifende Verbesserung des Volksschulwesens. In den Motiven zum Landtagsschluß, betreffend das „Bauerschulwesen", heißt es wörtlich: „Eine edle Ritter- und Landschaft siehet die Notwendigkeit der besseren Erziehung der Bauer-Jugend zu sehr ein, als daß sie nicht mit allem Ernste auf diese Verbesserung als eines der essentiellsten Stücke der allgemeinen Wohlfahrt bedacht sein sollte. Sie hat zu diesem Ende von jeher diesen Punkt einen von den hauptsächlichsten ihrer Landtagsdeliberationen sein lassen und ein jedes Mitglied derselben hat an seinem Teil und so weit seine Kräfte gereichen, schon bisher das mögliche zur Erreichung dieses heilsamen Zweckes angewandt, wovon die hin und wieder im Lande existierenden guten Schulanstalten und das durchgehends allgemeiner gewordene Lesen der Bauer-Jugend Zeugnis ablegen". „Der hauptsächlichste Fehler, welcher alle gute Anstalten bisher gehindert, ist wohl der Mangel an guten und tüchtigen Schulmeistern und die Unmöglichkeit, solchem durchgängig abzuhelfen. Hier im Lande sind die Leute sehr rar — und dennoch müßten es eigentlich eingeborene Landeskinder sein, weil die Fremden bei allen übrigen Eigenschaften dennoch durch Mangel der Sprache keinen oder doch einen sehr späten Nutzen stiften würden. Es müßten nächstdem eigentlich Bauern sein, welche den ersten Grund zur Erziehung der Bauer-Jugend legten, weil der Bauer, welcher ohnehin sehr schwer und öfters nur mit der Schärfe dahin zu bringen ist, daß er seine Kinder in die Schule schickt, natürlicher Weise mehr Zutrauen zu seinem

[1]) Vgl. Hollmann l. c. S. 10. Vgl.: Über den Zustand bis 1765. V. Kupffer, Das unbewegliche Vermögen der evangelisch-lutherischen Volkskirche, in Balt. Mon. 1891.

Mitgesellen als zu einem Deutschen hat, weil er von diesem und auch oft nicht ohne Grund vermutet, daß er die Schul-Jugend mehr zu seinem Privatnutzen brauche als gehörig unterrichte. Die Ritter- und Landschaft hat sich demnach angelegen sein lassen, ein Mittel ausfindig zu machen, wie diesem Mangel vors erste notdürftig abzuhelfen und vors künftige, wenn es gleich einige Zeit kosten sollte, tüchtige Schulmeister aus der Bauernschaft (her)anzuziehen seien"[1]).

Auf Grund dieser Erwägungen beschloß der Landtag von 1765 folgende drei Formen des Volksschulwesens: 1. häuslicher Unterricht durch die Eltern unter Aufsicht des Kirchspielpredigers. 2. Bauern- oder sog. Hausschulen. Die Gutsherren von Gütern von fünf und mehr Haken haben für die Kinder ihres Gebietes solche einzurichten. Alle acht Tage sollen besondere bäuerliche Beamte: die Kirchen-Vormünder, und alle vier Wochen die Prediger diese Schulen visitieren. „Gütern unter fünf Haken soll es freistehen, falls sie nicht selbst aus christlichem Eifer eine solche Schule anlegen wollen oder können, die Kinder in die Kirchspielsschule zu schicken". 3. Kirchspielsschulen für die Schüler, welche die Hausschulen absolviert haben unter Aufsicht des Predigers und des Kirchenvorstehers. Allgemeiner Schulzwang für die Zeit von Martini (10. November) bis Ostern resp. Georgi (23. April) [1]).

Wir haben die Beschlüsse des livländischen Landtages von 1765 genauer hier anführen zu müssen geglaubt, weil sie die tatsächliche Grundlage für das spätere Volksschulwesen bilden, eine Grundlage, der man die Anerkennung nicht wird versagen können, daß sie human und praktisch zugleich ist.

---

[1]) Vgl. R. J. L. v. Samson, Hist. Versuch über die Aufhebung der Leibeigenschaft in den Ostseeprovinzen, Beilage zum Inland, 1838, Sp. 85ff.

[2]) Siehe v. Samson l. c. und v. Transehe, Gutsherr und Bauer l. c. S. 169.

Durch diese Einrichtungen, die in analoger Weise auch in den andern Provinzen stattfanden, wurde erreicht, daß die Zahl der Analphabeten in schnellem Maße abnahm, so daß der Schriftsteller und Pastor Hupel 1774 in einem gewissen Stolz auf seine neue Heimat sagen konnte: „Jetzt sieht man schon achtjährige Kinder lesen und selten erwachsenere, die ganz unwissend sind" [1]) und 1786: „In beiden Herzogtümern, sonderlich in Livland, sieht man sehr auf die Anlegung und Unterhaltung der Gebiets- und Dorfschulen. Gewiß muß manches europäisches Reich uns hierin weit nachstehen: man findet genug hiesige Bauernkinder von 7 bis 9 Jahren, die fertig lesen und nur wenige, die gar nicht lesen können" [2]).

Wie weit Hupel bei der Betrachtung des Bildungszustandes zu optimistisch urteilte oder zu sehr generalisierte, läßt sich beim Mangel einer Statistik für jene Zeit nicht beurteilen. Er selbst gibt für das Kirchspiel Oberpahlen, wo er als Prediger wirkte, folgende Daten:[3])

Des Lesens waren kundig

	Knaben	Mädchen	Männer	Weiber
im Jahre 1771	64 %	60 %	57 %	56 %
„ „ 1774	71 %	74 %	63 %	64 %

Wenn wir auch annehmen müssen, daß das Bildungsniveau in den meisten andern Kirchspielen des Landes niedriger war, so können wir doch behaupten, daß in Anbetracht der sonstigen niedrigen Kultur der bäuerlichen Bevölkerung und der keineswegs günstigen wirtschaftlichen Lage des Landes auf dem Gebiete der Volksbildung in der zweiten Hälfte des

[1]) Topographische Nachrichten von Liv- und Estland, I, 1774, S. 579.

[2]) Die kirchliche Statistik von Rußland. Nord. Miszellaneen 11, 1786, S. 343. Vgl. 13, S. 501. Vgl. W. v. Bock, Evangel. Allianz, S. 279 f. Tobien, Agrargesetzgebung, l. c. S. 44 f.

[3]) Topographische Nachrichten l. c. II, 1777, vgl. Tobien l. c. S. 44.

18. Jahrhunderts dasjenige geleistet worden ist, was man billigerweise von jener Epoche verlangen kann[1]). Werfen wir einen Blick auf die gleichzeitigen Verhältnisse in Preußen, so finden wir, daß auch dort die Schulgesetze von 1713, 1717 und 1736 nicht die gewünschten praktischen Erfolge gehabt haben. Erst Friedrich der Große entwickelte eine durchgreifende Tätigkeit auf dem Gebiete des Volksschulwesens. Wie in Livland der Landtagsschluß von 1765, so war in Preußen das General-Landschul-Reglement von 1763 die Grundlage des späteren Volksschulwesens.

Keineswegs aber war der Bildungsumfang, den die Volksschule in Preußen vermitteln sollte, im 18. Jahrhundert größer als der in Livland. In einer Kabinettsorder vom 5. Sept. 1779 sagt der philosophische König zu diesem Thema „auf dem platten Lande ist es genug, wenn die Leute ein bißchen lesen und schreiben lernen; wissen sie zuviel, so laufen sie in die Städte und wollen Sekretärs und so was werden"[2]).

Erst die wirtschaftliche und politische Emanzipation des Bauernstandes konnte in Preußen wie in Livland den Boden für eine umfassendere Volksbildung abgeben.

Durch die livländische Bauernverordnung von 1819 wurde das Volksschulwesen in der Weise geordnet, daß für jede Gemeinde von nicht weniger als 500 männlichen Seelen eine Gebietsschule und für jedes Kirchspiel von 2000 männlichen Seelen eine Parochialschule existieren müsse; kleinere Gemeinden oder Kirchspiele haben sich zusammenzuschließen. Im übrigen bleiben die bisherigen Grundsätze: Aufsicht der Kirchenbehörden, Verwaltung durch die Landstände: Ritter-

---

[1]) Vgl. z. B. auch die höchst interessante Schulstatistik für die v. Campenhausenschen Güter Orellen und Kudum, 1734—1775, in v. Bock, Evangel. Allianz l. c. S. 318 ff.

[2]) Tobien l. c. S. 45 ff.

schaft, Geistlichkeit und Bauernschaft und allgemeiner Schulzwang bestehen.

Die oberste Schulverwaltung durch Ritterschaft und Geistlichkeit wurde 1839 organisiert, indem eine Oberlandschulbehörde und vier Kreislandschulbehörden für Livland ins Leben gerufen wurden. Gleichzeitig beschloß der Landtag von 1839 die Begründung eines Volksschullehrerseminars, da die 1684 in Dorpat und 1737 in Wolmar begründeten Seminare schon vor 1765 eingegangen waren. Das Seminar wurde 1839 in Wolmar eröffnet und erhielt, da die Regierung ein Lehrerseminar nicht bestätigen wollte, den Namen „Küsterschule"; 1849 wurde es nach Walk übergeführt, wo es als Parochiallehrerseminar bis zu seiner Aufhebung (1890) bestehen blieb und 508 Zöglinge gehabt hat, von denen die meisten Volksschullehrer geworden sind, und infolge einer vortrefflichen pädagogischen und sittlichen Erziehung segensreich gewirkt haben[1]). 1871 wurde in Walk neben dem Parochiallehrerseminar ein lettisches Gemeindelehrerseminar, 1873 in Dorpat ein estnisches Gemeindelehrerseminar von der livländischen Ritterschaft eröffnet.

Es kann an dieser Stelle auf die verschiedenen Verbesserungen der Schulorganisation und des Unterrichts nicht eingegangen werden, ebensowenig auf die zeitlich und inhaltlich analogen Einrichtungen in den anderen Provinzen. Es mag nur darauf hingedeutet werden, daß die Durchführung des Schulzwanges auf nicht geringe Schwierigkeiten bei der bäuerlichen Bevölkerung, besonders den Esten, stieß, die darin eine Art geistiger Frone erblickte. Der Umfang des Wissens, den die Volksschulen vermittelten, war selbstverständlich nicht groß,

---

[1]) Vgl. Peterson, Bach und Inselberg, „Das ritterschaftliche Parochiallehrerseminar in Walk, seine Lehrer und Zöglinge 1839—90". Riga 1898.

jedoch genügend, um den Übergang strebsamer Schüler in die höheren Elementarschulen (Kreisschulen), ja auch in die Mittelschulen, Gymnasien und Realschulen zu ermöglichen.

Die von der livländischen Oberlandschulbehörde 1874 erlassene Instruktion setzt den Umfang des Unterrichts folgendermaßen fest:[1])

1. Der häusliche Unterricht soll umfassen: Lesen, Katechismus, Einmaleins (§ 3).

2. Der Unterricht in der Gemeindeschule: Lesen, Schreiben, Kopf- und Tafelrechnen in den vier Spezies mit benannten und unbenannten Zahlen, Worterklärung der fünf Hauptstücke des Katechismus, Biblische Geschichte, Elemente der Geographie, Gesang, Turnen für Knaben, Handarbeit für Mädchen, endlich fakultativ auf Wunsch der Gemeinde: Deutsch und Russisch (§ 20).

3. Der Unterricht der Parochialschule beginnt da, wo der Unterricht der Gemeindeschule abgeschlossen hat. Hinzu kommen: Geschichte, Naturkunde, Stilübungen, deutsche und russische Sprache (§ 25).

Für die Lehrpläne werden folgende Grundsätze als maßgebend aufgestellt:

„Aller Unterricht sei klar und wahr hinsichtlich des Inhalts wie der Darstellung."

„Aller Unterricht soll auf Anschauung beruhen und der Leistungsfähigkeit der Kinder angemessen sein."

„Aller Unterricht sei erziehend und so eingerichtet, daß die gesamten Kräfte des Kindes naturgemäß und harmonisch zur Entwicklung gelangen" [2]).

---

[1]) Instruktion für die livländischen Landschulen evangelisch-lutherischer Konfession.

[2]) Lehrpläne für die livländischen Landschulen evangelisch-lutherischer Konfession von 1874. Abgedruckt in „Materialien zur Kenntnis des evan-

Als Zweck der evangelisch-lutherischen Land- oder Bauernschulen bezeichnet die Instruktion der livländischen Oberlandschulbehörde: Vorbildung zur Konfirmation und zum Eintritt in das Gemeindeleben (§ 1) oder wie es in den 1875 allerhöchst bestätigten Vorschriften für die evangelisch-lutherischen Landesvolksschulen und Lehrerseminare in Est- und Kurland lautet: Die evangelisch-lutherischen Landvolksschulen „haben zum Zweck, in der örtlichen Bevölkerung die religiösen und moralischen Begriffe zu kräftigen und nützliche Kenntnisse zu verbreiten" [1]).

Der Charakter der Volksschule als eines kirchlichen Instituts zur Hebung der Sittlichkeit und zur Heranbildung eines gesunden Staatsbürgertums ist auf das deutlichste ausgesprochen.

Es unterliegt keinem Zweifel, daß die Volksschule in den Ostseeprovinzen bis zum Jahre 1886 die ihr gestellten Aufgaben auf das beste erfüllte. „Ritterschaft, Geistlichkeit und Bauerngemeinden sorgten in gemeinsamer, rein ehrenamtlicher Arbeit für die Pflege und Förderung der Volksschule; in den einzelnen Kirchspielen war die direkte Verwaltung der Schulen den lokalen Organen der Kirchenadministration, dem Kirchenkonvent und der Kirchspielsschulverwaltung übertragen, die obere Aufsicht stand der Kreis- und Oberlandschulbehörde zu. Diese Institutionen bestanden ebenfalls aus von der Ritterschaft, Geistlichkeit und Bauernschaft gewählten Gliedern. Die oberste Leitung der einheitlichen Ordnung der Volksschuladministration wurde endlich von der ritterschaftlichen Landesvertretung im Einvernehmen mit dem evangelisch-lutherischen Konsistorium geführt" [2]).

---

gelisch-lutherischen Landvolksschulwesen in Livland", veröffentlicht vom Livl. Landrats-Kollegium. 1884. S. 145.

[1]) Reg.-Anz. 25. Mai 1875, Nr. 114.

[2]) v. Villebois, 1904, S. 6 f.

Über die Tätigkeit der Volksschule in Livland liegt uns offizielles statistisches Material vor [1]), aus dem wir nachstehend die Ziffern wiedergeben, welche die Entwicklung bis 1886 und den Niedergang nach der in diesem Jahre erfolgten „Reform" illustrieren:

	Parochialschulen	Parochialschüler	Gemeindeschulen	Gemeindeschüler	Volksschulen in Summa	Schüler in Summa	sog. Repetitionsschüler	Schüler im häuslichen Unterricht	Volksschullehrer
1851	—	1595	—	17063	639	18658	—	—	653
1861	110	2459	652	24504	762	26963	—	—	781
1871	109	3171	867	34524	976	37695	—	—	1013
1881	122	4887	955	40349	1077	45236	—	—	1311
1886	131	4941	988	43834	1119	48775	33034	34759	1410
1894	101	4553	903	38686	1004	43239	29814	—	1413
1904	111	6602	884	41850	1032	51752	30975	29033	1243

Wir entnehmen dieser Tabelle die Tatsache, daß in den acht Jahren nach erfolgter Reform ein absoluter Rückgang der Zahl der Schulen, Schüler und Lehrer erfolgte, so daß z. B. die Summe der regelmäßig die Volksschule besuchenden Kinder (sog. Stammschüler) in diesem Zeitraum von 48 775 auf 43 239, also um 5536 sank. Zehn Jahre darauf hat sich diese Ziffer infolge stärkeren Besuchs der Parochialschulen und des neueingeführten russischen Typus der sog. Ministerschulen auf 51 752 gehoben, so daß eine absolute Zunahme der Stammschüler seit 1886 um 2977 stattfand. Diese Zu-

[1]) Publikationen des Livl. L.-K. 1. J. v. Jung-Stilling, Beitrag zur Statistik der evangelisch-lutherischen Landvolksschulen in Livland, 1879. 2. Materialien zur Kenntnis der livländischen Bauernverhältnisse, 1883. 3. Materialien zur Kenntnis des evangelisch-lutherischen Landvolksschulwesens in Livland, 1884. 4. Bericht über das Volksschulwesen, 1894, Mſk. u. a.

nahme erfolgte jedoch in einem Zeitraum von 18 Jahren, steht also in gar keinem Verhältnis zum Bevölkerungszuwachs. Entsprechend der durchschnittlichen Zunahme der Schüler vor 1886 hätte die Schülerzahl in diesen 18 Jahren nicht um 2977, sondern um etwa 15 000 wachsen müssen. Noch schlimmer stellt sich die Relation, wenn man sämtliche Schulkinder ins Auge faßt, also 1. die sog. Stammschüler, 2. die sog. Repetitionsschüler, d. h. solche, die den Kursus der Schule absolviert haben und zu gewissen Zeiten zur Repetition in der Schule versammelt werden, und endlich 3. der Kinder, welche den häuslichen, von den Kirchenorganen überwachten Unterricht erhalten.

Die Summe sämtlicher Schulkinder beträgt für das Jahr 1886: 116 548, für das Jahr 1904: bloß 111 760; sie hat also im Laufe von 18 Jahren nicht nur nicht zugenommen, sondern um 4788 abgenommen.

Diese Statistik redet eine deutliche Sprache, indem sie den äußeren Verfall der Volksbildung in Livland feststellt, die Statistik aber, welche den inneren Verfall vor Augen führt, steht in blutiger Schrift auf einem andern Blatte der Geschichte. Die lettische Revolution und die estnischen Mordbrände zeugen laut wider die Schulreform. Wir werden weiter unten sehen, welch eine verhängnisvolle Rolle die Schullehrer bei der revolutionären Bewegung gespielt haben — wir werden mit Entsetzen wahrnehmen, wie vollständig verroht und verwildert die junge Generation des Landvolks ist, das Produkt der russischen Volkserziehung!

Wir haben unserer Darstellung der Entwicklung des Volksschulwesens vorgegriffen und kehren zu der „vorreformatorischen" Epoche zurück.

Von der Gesamtzahl der schulpflichtigen Kinder (zwischen acht Jahren und der Konfirmation) besuchten die Schulen:

1871/72 — 46,8 % der Knaben und 39,7 % der Mädchen,
1876/77 — 62,1 % „ „ „ 56,2 % „ „ .

1880/81 besuchten 66 % aller schulpflichtigen Kinder die Schulen, während 32,06 % häuslichen Unterricht genossen, so daß in diesem Jahre über 98 % aller schulpflichtigen Kinder unterrichtet wurden.

Von den Konfirmanden hatten die Schule absolviert:
1876/77 — 78,9 % der Knaben und 69,7 % der Mädchen,
1881/82 — 86,7 % „ „ „ 79,6 % „ „ .

Es ergibt sich aus diesen Ziffern, daß in den achtziger Jahren die Volksbildung einen relativ hohen Stand erreicht hatte, daß es jedenfalls nur sehr wenige Analphabeten unter den jüngeren Generationen gab — eine Tatsache, die wiederholt vom Staate, insbesondere bei der Rekrutierung anerkannt worden ist. In dieser Hinsicht standen die Ostseeprovinzen mit Finnland weitaus in erster Stelle im russischen Reich, wo die Zahl der Analphabeten unter den Rekruten noch eine erschreckende Höhe, 1896 etwa 70 % [1]), einnahm.

Nach der offiziellen Statistik Rußlands [2]) betrug die Bildungsziffer der 47 europäischen Gouvernements Rußlands 1886: 2,37 d. h. 2,37 % der Bevölkerung besuchte Elementarschulen. Die Bildungsziffer Livlands für 1886 betrug aber 9,87 gegenüber derjenigen Finnlands von 9,25 und Polens von 2,58. Allerdings sind bei Finnland verschiedene Elementarschulen, wie z. B. Sonntagsschulen, nicht in Anschlag gebracht worden, so daß die Bildungsziffer Finnlands weit höher als 9,25 sein dürfte, doch sind bei Livland auch nur die sog. Stammschüler (vgl. oben) und nicht die sonstigen Schüler (sog. Repetitionsschüler) berücksichtigt worden. Dagegen wird die offizielle

[1]) Balt. Chronik 1896/97, S. 11.

[2]) Statistik des russ. Reichs. X. Ausgabe des statist. Zentralkomitees des Ministeriums d. Innern, 1890. Vgl. Balt. Mon. Bd. 42, 1895, S. 527 ff.

Statistik die Bildungsziffern der innerrussischen Gouvernements eher zu hoch als zu niedrig gegriffen haben [1]).

Was nun die Unterhaltungskosten der Volksschulen in Livland betrifft, die durch die Bauernverordnung von 1819 den Gemeinden auferlegt waren, so entfielen noch 1867/68 46,7 % der Unterhaltungskosten auf die Rittergutsbesitzer, der Rest auf die bäuerlichen Gemeindeglieder. Mit dem zunehmenden Bauernlandverkauf änderte sich jedoch dieses Verhältnis.

Die gesamten Unterhaltungsmittel der livländischen Volksschulen in Geld, Naturallieferungen, Naturalleistungen und Landdotierungen sind für das Jahr 1881/82 auf rund 409 000 Rubel berechnet worden, wovon 44 % auf Geld und 25,9 % auf Landdotierungen entfallen. Letztere stammen fast ausnahmslos aus Schenkungen der Gutsbesitzer. An Jahresbeiträgen sind 1881/82 geleistet worden: von den Gemeinden 206 544 Rbl. 45 Kop., von den Gutshöfen: 71 817 Rbl. 11 Kop.

In der letzteren Summe kommen noch die Unterhaltskosten der drei Lehrerseminare und der Oberlandschulbehörde nebst einigen kleineren Zahlungen, so daß der Großgrundbesitz im Jahre 1881/82 im ganzen 100 726 Rbl. 22 Kop. für das Volksschulwesen aufgebracht hat, also fast die Hälfte der von den Bauerngemeinden aufgebrachten Mittel. Ein Beweis dafür, daß die Ritterschaft sich ihrer Patronatspflicht gegenüber der Landeskirche und deren Institutionen auch in bezug auf materielle Unterstützung lebhaft bewußt war.

So lagen die Verhältnisse, als die Staatsregierung 1885 die Russifizierung der Ostseeprovinzen mit aller Energie in Angriff nahm.

---

[1]) Vgl. „Zur Geschichte u. Kritik der offiziellen statist. Daten über die Elementarbildung in Rußland." Nach einer Studie von Falborn und Tscharnoluski, Petersburg 1898 (russ.). Balt. Mon. Bd. 47, 1899, S. 354ff.

Die Landvolksschulen hatten bisher ihren Zweck: Religiosität und Sittlichkeit zu fördern und nützliche Kenntnisse zu verbreiten, in vollstem Maße erfüllt. Von einer Germanisierung der lettischen und estnischen Bevölkerung durch deutschen Zwangsunterricht war nicht die Rede. Die deutsche Sprache war nur in den Parochialschulen obligatorisch, um den etwaigen Übergang von Parochialschülern in die höheren Elementarschulen oder Mittelschulen, die damals alle deutsch waren, zu ermöglichen. Ganz ebenso wurde die russische Sprache behandelt im Hinblick auf die Ableistung der allgemeinen Wehrpflicht.

Der Unterricht im Russischen nahm von Jahr zu Jahr zu; auch in den Gemeindeschulen. Während 1874/75 in 383 von 916 Gemeindeschulen die russische Sprache gelehrt wurde, geschah dieses 1880/81 bereits in 602 von 955 Gemeindeschulen und 1886 in 816 von 988 Gemeindeschulen [1]).

Schon vor 50 Jahren hatte die Absicht bestanden, die Volksschule dem Ministerium der Volksaufklärung unterzuordnen, d. h. dem Einfluß der Provinzialstände zu entziehen. 1837 hatte der damalige Minister Uwarow einen darauf hinzielenden Antrag gestellt, der aber 1838 von Kaiser Nikolaus I. abgelehnt wurde. Derselbe Vorgang hatte sich 1856 wiederholt. Als in den sechziger Jahren die slawophile Presse einen Hetzkrieg gegen die Grenzmarken eröffnete, wurde der Geheimrat Mogilansky in die Ostseeprovinzen delegiert, um über das dortige Unterrichtswesen Bericht zu erstatten. Dieser Bericht von 1866 [2]) ist in mancher Hinsicht lehrreich. Der Geheimrat kann nicht umhin anzuerkennen, daß die baltischen Lehranstalten im allgemeinen auf einer höheren Stufe stehen

---

[1]) Materialien l. c. 1883. S. 24.

[2]) Vgl. über ihn und das Folgende: „Der Kampf um das baltische Schulwesen", in Deutsch-protestant. Kämpfe. l. c. S. 389 ff.

als in Rußland, sieht aber in dem mangelhaften Unterricht im Russischen einen genügenden Grund zu Reformen. Obgleich er — wie er selbst zugesteht — keine Veranlassung hatte, Volksschulen zu inspizieren, da diese nicht zu seinem Ressort gehörten, gibt er folgendes Gutachten ab: „Um die Esten und Letten aus der Unbildung herauszuziehen und ihre Germanisierung zu verhindern, müßte die russische Sprache in den Landvolksschulen eingeführt werden; freilich erfordert dies nicht geringe Anstrengungen und Geldmittel, aber sie werden nicht vergeudet werden, wenn es auf diese Weise gelingt, mehr als 1½ Millionen der örtlichen Landbevölkerung mit der russischen Familie zu verbinden. Dieses Ziel verdient es wohl, daß zur Erreichung desselben die entsprechenden Maßregeln ergriffen werden." Gegen diese Vorschläge wandte sich der Kurator des Dörptschen Lehrbezirks, Graf Keyserling, auf das energischste. „In den baltischen Provinzen" — so schreibt er am 13. Juni 1866 dem Minister — „besteht die notwendige Verbindung des Volksbildungswesen mit der Kirche in vollem Maße, und vornehmlich dieser Verbindung ist die bedeutende Ausbreitung derjenigen Kenntnisse, die man in estnischer und lettischer Sprache erwarten kann, zuzuschreiben. Die Errichtung, die Organisation und den Unterhalt der Schule hat der Adel auf sich genommen und in gewisser Beziehung auch die Landgemeinden. Die Einmischung der Regierung in diese Verhältnisse würde schwerlich zu günstigen Ergebnissen führen. Im Gegenteil kann man mit Sicherheit annehmen, daß der Adel sich in solchem Falle von jeglicher Mitarbeit und allen Ausgaben befreien wird, während die Regierung, dem allgemeinen Prinzip gemäß, an dem Unterhalt von Landschulen sich nicht beteiligt."

In demselben Sinne remonstrierten auch die Ritterschaften gegen die Bureaukratisierung und Russifizierung der Volksschule, indem sie besonders darauf hinwiesen, daß die Trennung der Schule und Kirche einen tiefen Einschnitt in das Volksbewußtsein machen und dadurch das Pflichtgefühl für das Schulwesen lockern würde.

Endlich sprach sich auch der Generalgouverneur Albedinsky in seiner berüchtigten Denkschrift vom 15. Oktober 1869, die wir schon oben kennengelernt haben [1]), gegen die „Reform" des Volksschulwesens aus, freilich aus rein fiskalischen Erwägungen. Die Regierung ließ ihren Plan fallen, und so wurde damals, wie man nach den heutigen Erfahrungen mit Fug und Recht sagen darf, eine Generation der Landbevölkerung von sittlicher Verlumpung gerettet!

Durch die Allerhöchsten Befehle vom 28. November 1885 und 19. Februar 1886 wurden die Landvolksschulen und Seminare dem Ministerium der Volksaufklärung direkt unterstellt, „behufs Vereinheitlichung der Aufsicht über die Lehranstalten und Gleichmäßigkeit der Leitung des Unterrichtswesens" [2]). Daß unter „Gleichmäßigkeit" nicht nur der übliche bureaukratische Schematismus, das A und O der russischen Regierungskunst, verstanden wurde, ergab sich sehr bald aus den Verhandlungen, die von der Landesvertretung und der Oberlandschulbehörde mit dem Kurator des Dörptschen Lehrbezirks Kapustin geführt wurde.

Dieser erklärte in unzweideutiger Weise, daß die Muttersprache in der Volksschule vor der Reichssprache zurückzutreten hätte, und stellte den konfessionellen Charakter der Volksschule in Abrede. Ferner sollte ein weitgehendes Aufsichtsrecht der

---

[1]) S. oben S. 85.

[2]) Das Folgende hauptsächlich nach A. v. Villebois, „Das Verhältnis der Organe der Selbstverwaltung zum Landvolksschulwesen in Livland", Riga 1904, und K. v. Freymann, „Um die livländische Volksschule", in Balt. Monatsschrift, Bd. 59, 1905.

Staatsregierung bestehen; zu diesem Zweck wurde 1887 ein Volksschuldirektor und vier Volksschulinspektoren geschaffen.

Daneben sollte die frühere, auf dem Prinzip der Selbstverwaltung beruhende Organisation des Volksschulwesens bestehen bleiben. Also ein konfessionell-nationales Gewebe mit konfessionslos-antinationalem Einschlag!

Es war von vornherein klar, daß ein derartiges Gebilde nicht zustande kommen konnte.

Inzwischen begannen die Russifikatoren ihre Vorstöße nach verschiedenen Richtungen. Gemeindeschulen wurden in sog. Ministerschulen mit russischer Unterrichtssprache umgewandelt, die Oberlandschulbehörde wurde aufgefordert, den russischen Unterricht in den Lehrerseminaren so weit zu verstärken, daß die Absolventen in den Volksschulen russisch unterrichten könnten. Die Landesvertretung erhob Protest dagegen in Petersburg. Vergebens. Am 17. Mai 1887 erschien ein Gesetz unter dem in Rußland üblichen konditionellen Titel: „Temporäre, ergänzende Regeln für die Verwaltung der Elementarschulen in Liv-, Kur- und Estland". Dieses Gesetz legalisierte die Auffassung des Kurators und erklärte den geschilderten unhaltbaren Dualismus „bis auf weiteres" in Permanenz. Als wesentlicher Inhalt der „temporären Regeln", die 1893 Gesetz wurden, sei hervorgehoben: ein weitgehendes Aufsichtsrecht der russischen Beamten, die auch die Lehrer „vorläufig" anstellen und absetzen können; das Recht der Gemeinden, Volksschulen in sog. Ministerschulen umzuwandeln; der obligatorische russische Unterricht in den Parochialschulen und in der dritten Klasse der Gemeindeschulen, in deren zwei unteren Klassen der Unterricht „nach Bedürfnis" auch russisch sein könne.

Die livländische Ritterschaft erklärte auf dem Juni-Landtag 1887, daß dieses Gesetz eine weitere Mitwirkung der Ritter- und Landschaft an der Verwaltung des Volksschulwesens ausschlösse, da es die Tätigkeit der Selbstverwaltungsorgane lähme, die Muttersprache aus der Schule verbanne und die Trennung der Schule von Kirche und Haus bezwecke. Der Landtag verfügte die Schließung der drei ritterschaftlichen Lehrerseminare und beauftragte den Landmarschall, die Aufhebung der bisherigen Organe der Volksschulverwaltung erwirken zu wollen, da die Ritterschaft sich zu ihrem tiefsten Bedauern genötigt sähe, auf das ihr verfassungsmäßig zustehende Recht der Errichtung, Erhaltung und Verwaltung der Volksschulen zu verzichten. Die Ritterschaft tat also den Schritt, den der Kurator Graf Keyserling schon vor 21 Jahren der Regierung als eine notwendige Folge der Russifizierung in Aussicht gestellt hatte.

Gleichzeitig ordnete das Konsistorium an, daß die Prediger von nun ab ihre Beziehungen zur Volksschule auf die ihnen durch das Kirchengesetz auferlegte Beaufsichtigung des Religionsunterrichtes zu beschränken hätten.

Die Antwort der Regierung auf die Bitte der Ritterschaft um Befreiung von der Mitwirkung an der Verwaltung des neuen Volksschulwesens ließ auf sich warten. Sie wurde wiederholt und abgelehnt. Auch ein 1891 im Einvernehmen mit den Ritterschaften der Schwesterprovinzen gemachter Versuch, das Projekt einer neuen Volksschulverordnung, in welchem auf die Ansprüche der Staatsregierung Rücksicht genommen war, durchzubringen, scheiterte.

Inzwischen war das Volksschulwesen in die heilloseste Verwirrung geraten.

Der Unterricht in den Parochialschulen und der oberen Klasse der Gemeindeschule sollte russisch sein, aber weder Schüler noch Lehrer verstanden Russisch. 32 Parochialschulen hatten geschlossen werden müssen. In den übrigen Schulen begannen die Schüler auszubleiben. Die Frage des Eigentums an den Parochialschulen, das den Kirchspielskirchen zusteht, begann brennend zu werden. Der livländische Gouverneur versuchte sie dadurch zu lösen, daß er von den Parochiallehrern einen Revers darüber verlangte, daß sie die Schulgebäude und Ländereien namens der Schulverwaltung und nicht namens der Kirche besäßen. Die Parochiallehrer weigerten sich fast einmütig, einen derartigen Revers zu unterschreiben, und die Rechtsfrage blieb offen. Dafür wurden alle Eigentumsklagen der kirchlichen Organe abgelehnt.

Volksschuldirektor und Inspektoren begannen eine fieberhafte Tätigkeit; „sie setzten Lehrer ein und Lehrer ab, ohne dadurch den ruhigen Gang des Schulwesens wesentlich zu fördern. Eine Folge ihres Eifers war das Auftreten von Lehrern mit Gage ohne Amt und mit Amt ohne Gage“ [1]).

Trotzdem der Kurator erklärte: 150 Inspektoren wären nicht imstande, die Arbeit der Volksschulverwaltung ohne die ständischen Organe zu leisten, das verflossene Jahr, während dessen die Ritterschaft der Verwaltung ferngestanden, müsse als verloren betrachtet werden, und das Volksschulwesen sei bedeutend unter das frühere Niveau gesunken — geschah nicht das Geringste zur Wiederherstellung normaler Verhältnisse, aus dem sehr einfachen Grunde, weil die Regierung die Volksschule als einen der wichtigsten Faktoren zur Russifizierung der Ostseeprovinzen ansah und daher nicht preisgeben wollte. Gleichzeitig wurde von dem obersten Gerichtshof des Staates, dem Senate, wiederholt der Grundsatz betont, daß die Volksschule konfessionell sei, allerdings nur darin, daß ausschließlich

[1]) Balt. Mon. 1904, S. 403. Vgl. auch: „Das russische Ministerium der Volksaufklärung und die lutherische Volksschule in Livland.“ Russ.-balt. Blätter IV (1888), S. 39 f. und passim, wo zahlreiche Einzelfälle aufgeführt werden.

Lutheraner verpflichtet seien, zu ihrem Unterhalte beizusteuern (Ukase vom 19. Oktober 1901 und 13. Februar 1902) [1]).

Die Verhältnisse wurden immer unhaltbarer.

Auf einer Sitzung der Oberlandschulbehörde am 9. Dezember 1903 erklärte der Volksschuldirektor Somtschewski offiziell: Hauptzweck der Schule sei die Verbreitung der russischen Sprache! Im Widerspruch zu den Regeln von 1887 wurde unter Gutheißung des Ministeriums der Volksaufklärung der Gebrauch der russischen Unterrichtssprache auch in den unteren Abteilungen der Gemeindeschulen erzwungen.

„Die Wirksamkeit und das Interesse der Volksschulinspektoren richteten sich vornehmlich auf die Hebung der russischen Sprachkenntnisse und die Einbürgerung der vorschriftsmäßigen Gesinnung in der Volksschule.“ Bezeichnend für diese Tätigkeit ist eine Rede, die der Fellinsche Volksschulinspektor N. Proschljakow am 28. Februar 1903 in der Mädchenparochialschule zu Paistel (bei Fellin) hielt und der wir folgende Kraftstellen entnehmen: „Mädchen, lernt Russisch! Wer nicht Russisch versteht, gleicht einem Blinden. Aber nur dann könnt ihr das Russische erlernen, wenn eure Eltern zu Hause mit euch Russisch sprechen. Ihr sollt Mütter werden und mit euren Kindern von Anfang an nur Russisch sprechen; an den Wiegen eurer Kinder sollt ihr nur russische Lieder singen. Wenn dann eure Kinder in die Schule kommen, dann sind sie klug und kommen gut vorwärts; denn wer nicht Russisch spricht, ist dumm. Jetzt, wo ihr noch keine Kinder habt, lehrt euren jüngeren Geschwistern Russisch und sprecht mit ihnen nur Russisch. Wißt ihr auch, wie nützlich die Kenntnis des Russischen ist? Ihr könnt überall Stellen erhalten und sogar in Rußland Köchinnen

---

[1]) Balt. Chronik 1901/02, S. 131 und 1902/03, S. 83.

oder Bonnen werden mit 8 bis 12 Rbl. monatlichem Gehalt. Die A. J. aus Tarwast hat Russisch gelernt, und ich habe sie daselbst als Lehrerin angestellt. Religion ist nicht so wichtig wie das Russische. Wozu nützt euch die Religion? Überdies kennt ihr sie schon von euren Eltern und werdet sie noch kennenlernen in der Konfirmandenlehre. Die Religionsstunden in der Schule sind nicht so wichtig. Hier sorgt für das Russische. In der Kirche hört ihr schon genug Religion. Auch das Estnische ist nicht so wichtig. Wozu lernt ihr es? Ihr kennt es ja schon ohnehin; aber das Russische versteht ihr eben nicht von selbst. Viele meinen, Mädchen brauchten kein Russisch, weil sie nicht wehrpflichtig seien. Wer das sagt, ist töricht. Ihr seid zwar nicht wehrpflichtig, aber ihr habt andere noch wichtigere Aufgaben: ihr sollt dem Reiche und dem Kaiser Kinder gebären und Untertanen erziehen, die Russisch verstehen. Auch der Kaiser freut sich, wenn er hört, daß seine Untertanen das Russische lernen und lieben. Berichte darüber werden alljährlich eingesandt und gelangen auch zum Kaiser. Daher lernt Russisch!" [1])

Die Verbindung zwischen Schule und Kirche wurde immer mehr gelockert. Den Predigern wurde jeder Einblick in die Schultätigkeit bis auf den Religionsunterricht und alle direkten Beziehungen zu den Lehrern verwehrt. Der Schulbesuch wurde immer geringer. In seinem alleruntertänigsten Rechenschaftsbericht pro 1899 führte der livländische Gouverneur an, daß im Jahre 1892 12 %, 1899 aber schon 20 % aller im schulpflichtigen Alter stehenden Kinder in Livland ohne jeglichen Unterricht geblieben waren. Die Bildungsziffer, die, wie wir oben sahen, 1886 9,87 % betrug, war nach offizieller Mitteilung 1898 auf 7 % gesunken.

[1]) Bericht an das livl. Konsistorium.

Das Interesse der Bauerngemeinden für das Schulwesen erkaltete, was sich in der Hinterziehung der Leistungen für die Schule äußerte.

Wie das Volk diese Verhältnisse empfand, charakterisiert eine Bittschrift der Schulältesten der estnischen Landgemeinde Fellin vom Februar 1896: „Mit Herzschmerzen müssen wir zusehen, wie die Volksschulen, welche mit so großen Opfern vom Volk unterhalten werden, mit jedem Jahre sich verschlechtern. Obgleich die Schulkinder mit bitteren Tränen ihre Bücher benetzen, so können sie doch keinen Nutzen aus ihnen ziehen, weil die Sprache der Schulbücher ihnen fremd ist und der Lehrer sie in einer unverständlichen Sprache unterrichtet. In keinem Lehrgegenstande können die Kinder solche Fortschritte machen wie früher. An Stelle der früheren regelmäßigen Aufsicht von seiten der Schulverwaltung der örtlichen Autoritäten der früheren Organisation erscheint jetzt nach Jahren der Schulinspektor zur oberflächlichen Revision der Volksschulen und verlangt mit der größten Strenge mehr und mehr Russisch. Kaum hundert Tage im Jahre, abzüglich der Kirchen- und Kronsfeiertage, besuchen unsere Kinder die Schule; die elfjährigen Kinder müssen drei Winter hindurch die Schule besuchen. Es ist dringend nötig, solchen Kindern die Muttersprache beizubringen, bevor der Lehrer einen systematischen Unterricht anfangen kann, doch jetzt fordert der Volksschulinspektor: man dürfe die Kinder nur in russischer Sprache lehren! Nach dem Schluß des Unterrichts kehren sie in die Familien zurück, wo Russisch weder gesprochen noch verstanden wird, und vergessen die wenigen auswendig gelernten russischen Vokabeln und Phrasen und verstehen weder Russisch noch die Muttersprache noch sonst was! Unser Volk läßt sehr gerne die Kinder fremde Sprachen lernen und besonders die russische Sprache, denn sie ist in Zukunft den Kindern notwendig, aber daß dies mit solcher Strenge und auf Kosten anderer Lehrgegenstände und der allgemeinen Bildung geschieht, wie es gegenwärtig in unsern Schulen projektiert wird, das empfinden unsere Eltern und unser Volk unaussprechlich schwer und traurig, und das Volk drückt seine Unzufriedenheit gegen die Schulen auf verschiedene Weise aus: z. B. die Kinder werden unregelmäßig zur Schule geschickt, die Beiträge zur Erhaltung der Schulen werden ungern und äußerst unregelmäßig gezahlt, die Gagen der Schullehrer werden unaufhörlich herabgesetzt [1]), die Schulen werden geschlossen. So verschwindet die Liebe, und die Schulen werden in Zwangsanstalten umgewandelt, und das Resultat von allem in nächster Zukunft ist: Mangel an guten Schullehrern und Lasterhaftigkeit der jungen Generation!" [2])

Wahrlich ein in seiner Einfachheit erschütterndes Bild der Folgen der russischen Staatsräson und ein prophetisches Wort, das sich schrecklich erfüllt hat.

Wie es mit der „Lasterhaftigkeit der jungen Generation" bestellt war, können wir an der Hand amtlicher Daten [3]) nachweisen.

Die Zahl der in den dreizehn Jahren 1892 bis 1904 vom Rigaschen Bezirksgericht wegen Verbrechens gegen das Eigentum bestraften männlichen Individuen betrug 6004, die sich nach dem Lebensalter folgendermaßen gruppieren:

---

[1]) Nach Mitteilung der estnischen Zeitung „Postimees" vom 8. September 1898 wurden die Schulmeisterstellen in einigen Gemeinden auf Mindestbot vergeben. Balt. Chronik 1898, S. 12.

[2]) Balt. Mon. 1905, l. c. S. 409 f. Vgl. auch den Artikel: „Warum häufen sich die Verbrechen?" in der estnischen Zeitung „Uus Aeg" vom 8. Oktober 1903. Balt. Chronik 1903/04 S. 29.

[3]) Nach den „Materialien" herausgegeben vom statistischen Komitee des livländischen Gouvernements. Jahrgänge 1892—1904. Riga (russ.).

I.	Im Alter bis zu	17	Jahren	303 = 5,05 %
II.	„ „ „ „	17—21	„	1416 = 23,58 „
III.	„ „ „ „	21—50	„	4086 = 68,05 „
IV.	„ „ „ „	50—70	„	186 = 3,10 „
V.	„ „ von mehr als	70	„	13 = 0,22 „
				6004 = 100 %

Die Zahl der Verbrecher im Alter von 17 bis 20 Jahren ist, wie wir sehen, im Verhältnis zu den übrigen Lebensaltern außerordentlich groß. Setzen wir die Kolumnen II und III in ein Verhältnis nach der Zahl der Jahre, so erhalten wir die Gleichung $II : III = \frac{1416}{4} : \frac{4086}{30} = 354 : 136$. Die Kriminalität in den Lebensjahren 17 bis 20 erscheint also 2,6 mal größer als in den Lebensjahren 21 bis 50, d. h. auf 10 verurteilte Verbrecher im Alter von 21 bis 50 Jahren kommen 26 im Alter von 17 bis 20 Jahren.

Leider geben die offiziellen Ziffern nicht an, wie sich die Zahl der verurteilten Verbrecher innerhalb der Lebensjahre 21 bis 50 differenziert; wir würden sonst für die Lebensjahre 17 bis etwa 25 ein noch weit ungünstigeres Bild erhalten.

Die livländische Ritterschaft, die die systematische Demoralisierung der Volksjugend durch das neue System nicht aufhalten konnte, litt schwer unter dem Gefühl der formellen Verantwortung, die nach dem Gesetz noch auf ihren Organen lastete, da weder ihre Bitten um Enthebung von ihrer Mitwirkung noch ihre Vorschläge zur Neuregelung des Volksschulwesens Berücksichtigung gefunden hatten. Im Februar 1896 beschloß der Landtag abermals, um eine Wiederherstellung der konfessionellen Volksschule mit Unterricht in der Muttersprache und Verwaltung durch die Landstände zu petitionieren, und als ein Erlaß des Ministers der Volksaufklärung vom 9. April 1897 die Altersgrenze der Lehrer auf

17 Jahre (!) herabsetzte und ihren Befähigungsnachweis auf Kenntnis der russischen Sprache beschränkte, da beschloß die Ritterschaft, sich an den Kaiser selbst zu wenden, damit ein Machtwort des Monarchen das drohende Unheil aufhalte.

Am 10. Dezember 1897 erfolgte der Bescheid in der hergebrachten Form: das Gesuch der Ritterschaft ist ohne Verfolg zu lassen.

Die Ritterschaft hat sich durch diesen ungnädigen Bescheid nicht irremachen lassen; nachdem jahrelange Verhandlungen mit Kurator und Ministerium zu nichts geführt hatten, wandte sie sich am 22. April 1905 an den damaligen Präsidenten des Ministerkomitees, Staatssekretär Witte, mit einer Denkschrift, die mit folgenden Worten schließt: „Noch einmal naht die livländische Ritterschaft im vollbewußten Interesse des Reiches wie auch der gesetzlich ihrer Fürsorge anvertrauten engern Heimat, unter Vorstellung des herrschenden Notstandes in der Volkserziehung, der Staatsregierung mit der Bitte um Wiederaufrichtung der Lebensbedingungen der evangelisch-lutherischen Landvolksschule: Anerkennung der Schule als kirchliche Einrichtung, Gebrauch der Muttersprache als Unterrichtsmittel und kommunale Verwaltung des Volksschulwesens in gemeinsamer Mitarbeit der Ritterschaft, Geistlichkeit und Vertretung des Bauernstandes."

Doch alle diese Bestrebungen galten der Zukunft. Was die letzten 20 Jahre geschaffen, was alles an der Volksseele gefrevelt worden ist, das ließ sich nicht mehr gutmachen.

Wenn jemals das ernste Wort der Schrift: „Wer da Wind säet, wird Sturm ernten" Recht behalten sollte, so ist es in den unglücklichen Ostseeprovinzen geschehen, wo die blinde Russifizierungspolitik der Regierung blutige Früchte getragen hat.

Zu spät hat die Regierung dieses eingesehen, als sie durch die am 18. Mai 1905 Allerhöchst bestätigte Resolution des

Ministerkomitees erklärte: „Es muß in bezug auf das Ostseegebiet mit besonderem Nachdruck der vom Ministerkomitee schon ausgesprochene Grundsatz betont werden, daß aus den Schulen in keinem Falle Werkzeuge einer künstlichen Durchführung russifikatorischer Prinzipien gemacht werden dürfen und daß die Lehranstalten vor allem das Ziel einer Heranbildung der Kinder und der Jugend gemäß den Anforderungen der örtlichen Gesellschaft und zwecks Einflößung guter Sitten im Auge haben müssen."

Denn wie das Ministerkomitee in derselben Resolution sagt: „Die Lage des Schulwesens in den Ostseeprovinzen erscheint unbefriedigend" und „die Hinweise auf den Verfall der Volksbildung sind gerechtfertigt". „Die Folge eines solchen Verfalls des Schulwesens sind Verhältnisse, die die Entwicklung des Unglaubens, eine Verstärkung der Sittenlosigkeit und eine Vergrößerung der Zahl der minderjährigen Verbrecher begünstigen" [1]).

Wir werden bei Darstellung der Revolution sehen, wie zutreffend diese vernichtende Selbstkritik der Regierung sein sollte.

3. Die Russifizierung des Justiz- und Verwaltungswesens.

Entsprechend der Herkunft des deutschen Elements in den Ostseeprovinzen aus den niedersächsischen Regionen wurzeln dessen Rechtsvorstellungen im sächsischen Rechte [2]).

---

[1]) Vgl. die oben S. 119 angegebene Statistik.

[2]) Vgl. geschichtliche Übersicht der Grundlagen und der Entwicklung des Provinzialrechts in den Ostseegouvernements. Teil II, 1845. F. G. v. Bunge, Geschichte des Gerichtswesens und des Gerichtsverfahrens in Liv-, Est- und Kurland. Reval 1874. v. Transehe, Zur Geschichte des Lehnswesens in Livland. I. Riga 1903. S. 36ff.

Sowohl die Landrechte als auch die Stadtrechte sind nahe verwandt den niedersächsischen Land- und Stadtrechten. Bezeichnend ist, daß noch 1626 König Gustav Adolf von Schweden der estländischen Ritterschaft zusicherte: „wenn mans begehrete, das Sachsenrecht, deren sich die Ritterschaft mehrenteils gebraucheten, in specie konfirmieren" zu wollen. Als Hilfsrecht galt wie im Mutterlande das römische und kanonische Recht. Im 17. Jahrhundert fand insofern eine Veränderung statt, als einerseits das römische Recht mehr in den Vordergrund trat, andererseits in Estland und Livland das schwedische Reichsrecht subsidiäre Geltung erhielt. Bei Vereinigung der Provinzen mit Rußland wurden die bestehenden, zum Teil nicht kodifizierten Rechte bestätigt; das russische Reichsrecht fand nur soweit Anwendung, als es mit der allgemeinen Reichsverfassung und der Organisation und Wirksamkeit der Reichsbehörden in Zusammenhang stand.

Das Provinzialrecht der Ostseeprovinzen wurde nach zahlreichen vergeblichen Versuchen der Ritterschaften erst während der Regierungszeit der Kaiser Nikolaus I. und Alexander II. kodifiziert, und zwar Behördenverfassung und Ständerecht 1845 und das Privatrecht 1864. Die Kodifikation des Zivil- und Kriminalprozesses wurde wegen der seit 1867 geplanten Einführung von Friedensgerichten verschoben und ist nicht zur Ausführung gelangt.

Was die Rechte der Autochthonen betrifft, so ist der Umstand, daß den Vasallen die niedere und meist auch die höhere Gerichtsgewalt über ihre bäuerlichen Hintersassen von Anbeginn zustand, maßgebend für die Rechtsentwicklung gewesen. Die aus dem 13. und 14. Jahrhundert stammenden sog. Bauernrechte enthalten kurze Sammlungen meist strafrechtlicher Bestimmungen, die zum großen Teil dem sächsischen, zum kleineren dem Gewohnheitsrechte entnommen sind. Im übrigen unterstanden die Hintersassen, wie im Mutterlande, dem Hofrecht ihres Grundherrn. Entsprechend der geltenden altgermanischen Auffassung des Gerichtsverfahrens trugen aber die Gerichtstagungen des Grundherrn einen ausgesprochen ständischen Charakter insofern, als das Urteil von Standesgenossen des Beklagten gefunden werden mußte. Wie wir aus zahlreichen Quellen wissen, übten in jedem Gutsbezirk während der Zeit der Leibeigenschaft mehrere ältere Bauern das Amt der Rechtsfinder im Patrimonialgerichte aus. Bei Kriminalverbrechen hatte der Gerichtsherr zum Urteilsprechen „geschworene Eingesessene von Adel" heranzuziehen. „Nach der Anklage", so berichtet der bauernfreundliche Chronist Russow 1578, „haben die Männer von Adel, so im Gerichte gesessen, kein Urteil oder Sentenz gefällt, sondern ganz still geschwiegen, denn die Bauernältesten mußten allewege nach altem Herkommen des Landes das Recht finden und das Urteil über den Missetäter fällen" [1]).

In Livland wurde 1632 die Kriminalgerichtsbarkeit der Grundherren aufgehoben bis auf die sog. Hauszucht, die hausväterliche Gewalt des Erbherrn, die als ein Teil der Patrimonialgerichtsbarkeit bis zum Anfang des 19. Jahrhunderts bestehen blieb.

Bevor wir die Aufhebung der Patrimonialgerichtsbarkeit und Errichtung besonderer Bauerngerichte untersuchen, haben wir in kurzen Zügen die Behördenverfassung der vier Provinzen vor der Einführung der Justizreform von 1889 darzustellen[2]), wobei wir das Gerichtswesen der Städte nicht berücksichtigen werden, da es für die bäuerliche Bevölkerung nicht in Frage kommt.

[1]) Vgl. v. Transehe, Gutsherr und Bauer, l. c. S. 40 ff.

[2]) Vgl. Provinzialrecht des Ostseegouvernements. I. Teil. Behördenverfassung. St. Petersburg, 1845.

Die Gerichtsverfassung der Ostseeprovinzen geht auf die ständischen Einrichtungen des Mittelalters zurück. Seit Auflösung des livländischen Staatenbundes (1561) differenzieren sich die einzelnen Territorien entsprechend ihren historischen Schicksalen; es bleibt aber nach allerlei Wandlungen doch ein gleichartiger Zug in den Gerichtsverfassungen der stammverwandten Provinzen bestehen, der den altgermanischen ständisch-aristokratischen Charakter zeigt.

In Estland hatte sich die mittelalterliche Gerichtsverfassung am reinsten erhalten, wobei nur die Kompetenzen der einzelnen Instanzen sich den veränderten Zeitverhältnissen angepaßt hatten.

Die erste Gerichtsinstanz auf dem flachen Lande in Zivil- und Kriminalsachen für alle Nichtadligen war das Manngericht, deren es drei gab. Die zweite Instanz, gleichzeitig Forum für den Adel und die Geistlichkeit, war das Oberlandgericht, das aus den zwölf Landräten der Ritterschaft unter Vorsitz des Gouverneurs bestand, also vollständig dem mittelalterlichen „Landesrat" entsprach. Geringere Zivilsachen des Adels und der Geistlichkeit gelangten an das Niederlandgericht, das aus dem Ritterschaftshauptmann, drei Mannrichtern, sechs Manngerichtsassessoren und vier Hakenrichtern bestand Beide Landgerichte saßen nicht ständig, sondern hielten Juridiken ab. Die laufenden Geschäfte wurden im Oberlandgericht von drei Landräten, im Niederlandgericht vom Ritterschaftshauptmann und den dejourierenden Gliedern der Manngerichte geführt.

Als Polizei und Exekutivbehörde fungierten elf Hakenrichter. Sämtliche Richterposten waren ehrenamtliche Posten der Ritterschaft.

In Livland, wo die polnische Regierung die mittelalterliche Verfassung abgeschafft und durch eine polnische (Kastellane, Starosten, Woiwoden) ersetzt hatte, fand durch die schwedische Regierung eine vollständige Reorganisation des Gerichts- und Verwaltungswesens statt.

Die erste Instanz in Zivil- und Kriminalsachen, mit Ausnahme schwerer peinlicher Prozesse gegen Edelleute, und aller Sachen wegen adliger Güter, sowie Erbschaften, Testamenten und Standessachen von Edelleuten bildeten die vier Landgerichte. Zweite Instanz in Zivil- und Kriminalsachen und erste Instanz in den dem Landgericht nicht kompetierenden Sachen war das Hofgericht, das seit 1834 aus einem Präsidenten, einem Vizepräsidenten, zwei Räten und zwei Assessoren bestand, wo die zwei Räte ernannt, die übrigen Glieder von der Ritterschaft auf sechs Jahre gewählt wurden.

Beide Instanzen hielten in vollem Bestande jährlich zwei resp. drei regelmäßige, nach Erfordernis auch noch außerordentliche Juridiken ab; in der Zwischenzeit wurden die laufenden Geschäfte im Landgerichte von einem, im Hofgerichte von drei Gliedern geführt. Als Polizei und Exekutivbehörde fungierten die acht Ordnungsgerichte. Diesen Ordnungsgerichten stand keine besondere Polizeimacht zur Seite mit Ausnahme der sog. Marschkommissäre, je zwei Polizeibeamten bei jedem Ordnungsgericht, die ursprünglich den Durchmarsch von Truppen zu organisieren hatten. Landgericht und Ordnungsgericht wurden von der Ritterschaft besetzt.

Die Insel Ösel wurde im 18. Jahrhundert in judiziärer und administrativer Hinsicht mit Livland verbunden als ein besonderer Kreis Livlands mit einem Landgericht und einem Ordnungsgericht, deren Glieder von der öselschen Ritterschaft gewählt wurden, die auch einen der zwei Assessoren des livländischen Hofgerichts wählte.

In Kurland, wo die herzogliche Gerichtsverfassung sich an die des Herzogtums Preußen anlehnte, war seit 1812 das

Oberhauptmannsgericht, deren es fünf gab, die erste Instanz in Kriminal- und Zivilsachen mit Ausnahme von Kriminal-, Konkurs- und Ediktalprovokationssachen von Edelleuten und Rechtsstreitigkeiten wider die Korporation der Ritterschaft. Zweite Instanz in Kriminal- und Zivilsachen und erste in den dem Oberhauptmannsgericht nicht kompetierenden Sachen war das Oberhofgericht.

Als Polizei- und Exekutivbehörde sowie als Gerichtshof für Bagatellsachen fungierten die zehn Hauptmannsgerichte.

Die Glieder der Hauptmanns- und Oberhauptmannsgerichte wurden von der Ritterschaft resp. dem Landtage der Großgrundbesitzer gewählt; die Glieder des Oberhofgerichts: Präsident, vier ältere und zwei jüngere Räte aus der Zahl der amtierenden Oberhauptleute nach der Anciennität berufen. Sämtliche Richter in Kurland wurden auf Lebenszeit gewählt.

Wenn — wie wir dieser kurzen Übersicht entnehmen — die allgemeine Organisation des Gerichtswesens in den drei Provinzen eine gewisse Buntscheckigkeit zeigt, die aus der Verschiedenheit der historischen Entwicklung der drei Provinzen zu erklären ist, so findet sich in der später entstandenen Organisation der Bauerngerichte eine große Übereinstimmung.

Schon bei Einführung der Statthalterschaftsverfassung in Estland und Livland (1783) wurden Gerichte mit bäuerlichen Beisitzern errichtet[1]), und zwar in jeder Statthalterschaft eine „Ober-Rechtspflege" und in jedem Doppelkreis eine „Nieder-Rechtspflege". Nachdem 1796 die Statthalterschaftsverfassung und damit auch diese Gerichtsinstitutionen aufgehoben worden, behielt die livländische Ritterschaft den Gedanken ständischer

---

[1]) v. Transehe, Gutsherr und Bauer, S. 192.

Gerichte für die bäuerliche Bevölkerung im Auge, wie die Landtagsschlüsse von 1796, 1797 und 1803 beweisen[1]). Der § 12 des Landtagsschlusses von 1796 bestimmt:

„Um die Streitigkeiten der Bauern unter sich in einem Gebiete zwischen Wirt und Knecht, ferner Knechte mit Knechten und Wirte mit Wirten entscheiden zu lassen, soll der Erbherr verpflichtet sein, Bauerngerichte, wozu die Bauern die Mitglieder selbst wählen sollen, einzurichten, wobei aber der Gutsherr allezeit und einzig der letzte Oberrichter ist." Also ein rein ständisches Forum der leibeigenen Bauern mit dem Instanzenzug an den Erbherrn, dessen Entscheidung inappellabel sein sollte[2]). Die livländische Bauernverordnung von 1804, durch welche die Leibeigenschaft in Livland aufgehoben wurde, brachte eine neue Gerichtsordnung. Ein Bauerngericht, aus drei Richtern bestehend, übt die Rechtsprechung in Zivil- und leichteren Kriminalsachen zwischen den Bauern aus. Je ein Richter wird vom Gutsherrn, den Bauernwirten und den Knechten gewählt. Der Gutsherr hat nur das Recht, Sprüche des Bauerngerichts zu mildern, und zwar in solchen Fällen, wo er Anteil an der Sache hat. Zweite Instanz in Bauernstreitigkeiten und erste Instanz in Streitigkeiten zwischen Gutsherrn und Bauern ist das Kirchspielsgericht, in welchem neben dem adligen Richter drei Bauern Sitz und Stimme haben. Dritte und letzte Instanz in Bauernstreitigkeiten und zweite Instanz in Streitigkeiten zwischen Gutsherrn und Bauern ist das Landgericht mit zwei Bauern als

---

[1]) v. Transehe, Gutsherr und Bauer S. 211. v. Samson, Leibeigenschaft, Beil. B.

[2]) Materialien zu Grundsätzen zur Verbesserung des Zustandes der Bauern, entworfen auf dem Landtage im September 1796 (Riga 1796), S. 12. Vgl. den § 15 des Landtagsschlusses von 1797 bei v. Samson, l. c. S. 164.

Beisitzern. Als letzte Instanz in Streitigkeiten zwischen Gutsherrn und Bauern fungierte das Hofgericht[1]).

Durch die Bauernverordnungen von 1816, 1817 und 1819 wurde abermals eine neue Gerichtsordnung geschaffen, die auf dem Gedanken der Gerichtsordnung von 1804 basiert und in allen wesentlichen Punkten bis zur Justizreform von 1889 in Geltung blieb. Wir unterscheiden vier (in Kurland drei) Instanzen in bäuerliche Rechtsstreitigkeiten:[2])

1. Das Gemeindegericht für Zivil- und geringfügige Strafsachen (Polizeivergehen) der Landgemeindeglieder ist erste Instanz in allen Sachen der Landgemeindeglieder, ordnet unstreitige Rechtssachen, beglaubigt Verträge aller Art und ist Vormundschaftsamt. Es besteht aus einem Vorsitzenden und zwei Beisitzern, die von der Gemeinde auf drei Jahre gewählt werden, ersterer aus der Zahl der Grundeigentümer oder Pächter, letztere aus allen Gemeindegliedern.

2. Das Kirchspielsgericht. Es besteht aus dem Kirchspielsrichter, gewählt auf Versammlungen der aus mehreren Pfarrkirchspielen bestehenden Kirchspielsgerichtsbezirke von sämtlichen Rittergutsbesitzern und Predigern, und drei Beisitzern bäuerlichen Standes, gewählt von den Gemeinderichtern des Bezirks. Das Kirchspielsgericht war zugleich Gericht in Zivilsachen und Polizei-, Vormundschafts- und Aufsichtsbehörde über die Landgemeinden.

3. Das Kreisgericht. Es besteht aus dem Kreisrichter und zwei Assessoren, die von der Ritterschaft und zwei bäuerlichen Beisitzern, die von sämtlichen Kirchspielsgerichtsbeisitzern des

---

[1]) v. Transehe, l. c. S. 222. Tobien, Agrargesetzgebung, l. c. S. 242 f.

[2]) Vgl. J. Engelmann, Das Staatsrecht des Russischen Reichs. Marquardsens Handbuch des öffentlichen Rechts. Freiburg i. B., 1889, S. 229 f.

Kreises auf drei Jahre gewählt werden. Es ist Gerichtshof erster Instanz in Klagesachen von Landgemeindegliedern gegen alle Personen anderer Stände und zweite Instanz in allen Beschwerde- und Appellationssachen von den Kirchspielsgerichten, ferner Obervormundschaftsbehörde für Bauern und Korroborationsbehörde für den Erwerb bäuerlicher Grundstücke.

4. Der oberste Landesgerichtshof, in Estland das Oberlandgericht, in Livland das Bauerndepartement des Hofgerichts, in Ösel das Bauerndepartement des Landratkollegiums und in Kurland das Oberhofgericht.

Der oberste Landesgerichtshof war anfangs letzte Instanz in Bauernsachen; später war die Beschwerde an den Senat zulässig.

In Kurland gab es keine Kirchspielsgerichte; dagegen war die Zahl der Kreisgerichte verdoppelt (10). Diese bestanden aus je einem Kreisrichter, einem adligen und einem bäuerlichen Beisitzer und hatten im wesentlichen die Befugnisse der Kirchspiels- und Kreisgerichte in Livland, wo es 28 Kirchspielsgerichte und 8 Kreisgerichte gab.

Was endlich die niederen Organe der Landpolizei betrifft, so hat auf dem Bauernlande der Gemeindeälteste, auf dem Hofeslande die Gutsverwaltung, i. e. der Gutsherr oder ein von ihm damit Bevollmächtigter die Polizei. Der Gemeindeälteste hat eine Strafgewalt bis zu zwei Tagen Arrest und einem Rubel Pön. Die Gutsverwaltung hat keine Strafgewalt, sie überweist die von ihr auf dem Hofeslande wegen irgendwelcher Vergehen Verhafteten entweder dem Gemeindegericht, dem in Polizeisachen eine Strafbefugnis bis zu drei Tagen Haft und bis zu dreißig Rutenhieben zustand, oder aber dem Kirchspielsgericht oder der Kreispolizei[1]).

---

[1]) Livländische Bauernverordnung von 1860. Landgemeindeordnung von 1866.

Neben diesen niederen Polizeiorganen, die für Aufrechterhaltung der öffentlichen Ordnung und Sicherheit auf dem flachen Lande zu sorgen hatten, bestand noch die sanitäre Polizei der Kirchspielsvorsteher und die Kirchenpolizei der Kirchenvorsteher und Kirchenvormünder.

Auf den ersten Blick erscheint die Organisation des Polizeiwesens kompliziert und schwerfällig, besonders für denjenigen, der nicht in einem Lande mit weitgehender Selbstverwaltung und historisch erwachsenen Formen des öffentlichen Rechts- und Verwaltungswesens (wie etwa in England) aufgewachsen ist. In Wirklichkeit funktionierte dieser scheinbar äußerst verzwickte Apparat vortrefflich, wie die relativ niedrige Zahl der Kriminalverbrechen vor Einführung der Polizei- und Justizreform beweist. Der bekannte Nationalökonom Dr J. Keußler urteilt treffend über das alte Polizeiwesen: „Die Struktur ist eine sehr komplizierte, das Ineinandergreifen der einzelnen Räder in diesem Räderwerk aber ein so glattes und akkurates, daß Kompetenzkonflikte kaum vorkommen, trotzdem jene Funktionen zumeist von Personen geübt werden, die keinerlei verwaltungsrechtliche Bildung genossen und auch keine direkte praktische Vorschule im Polizeidienste durchgemacht haben; das findet seine Erklärung in dem Umstande, daß all diese Institutionen nicht durch die klügelnde theoretische Reflexion allein, die nimmer die Gesamtheit eines lebendigen sozialpolitischen Organismus zu erfassen imstande ist, geschaffen, sondern aus den gegebenen tatsächlichen sozialökonomischen Bedingungen des baltischen Lebens und seiner Entwicklung organisch herausgebildet sind und daß die Bevölkerung, zumal die am Regimente beteiligten Klassen, in ihrem Denken, Fühlen und Leben daher auch mit den öffentlich-rechtlichen Einrichtungen innerlich verwachsen sind." „Und soweit nicht Antipathie gegen fremdgeartetes Leben oder der Dünkel vorgefaßter Meinung oder abstrakter, einseitiger Theorien den Blick des fremden Beobachters trübt, erfaßt ihn Staunen und Bewunderung, wie mit so geringen Mitteln, sowohl was den Personalbestand, als was die Geldopfer betrifft, so Großes in zweckentsprechender Form geleistet wird." „Das ist die Frucht Jahrhunderte überdauernder freier Selbstbetätigung in öffentlichen Angelegenheiten, der selbständigen Beteiligung an dem inneren Ausbau der Institutionen, denen die veränderten ökonomischen und sozialen Bedingungen des sich umgestaltenden Lebens im Laufe der Zeiten die Erfüllung neuer Pflichten übertrug [1])."

Was hier von einem Zweige des Verwaltungswesens gesagt ist, läßt sich auf das ganze Verwaltungs- und Justizwesen ausdehnen. Überall ein organischer Ausbau historisch entstandener Lebensformen auf dem Boden weitgehendster Selbstverwaltung, weder künstlich erdachte theoretische Gebilde noch sprunghafte anorganische Neuerungen, wie sie das moderne Rußland zu seinem Verderben so zahlreich aufweist. Als Leitmotiv: allmähliche Heranbildung des Bauernstandes zur Selbstverwaltung auf der Grundlage gemeinschaftlicher wirtschaftlicher und sozialer Interessen. Diesen Grundsätzen entsprechend trugen Gericht und Verwaltung einen patriarchalischen Charakter; keine landfremden Beamten, keine Karrieremacher und Streber, sondern Leute, die mitten heraus aus dem Lande genommen waren, die das Landleben von klein auf kannten, Großgrundbesitzer und Gesindewirte (Hofbauern), die mit dem Volke in seiner Sprache redeten, die den verwickelten Gedankengang des Bauern kannten, seine weit ausholenden Reden geduldig anhörten, die genau wußten,

---

[1]) Dr Joh. Keußler, Aphorismen zur baltischen Polizeireform. Balt. Mon. Bd. 36, 1889, S. 67 u. 70.

wo ihn der Schuh drückt und sich nicht durch Bauernschlauheit hinter das Licht führen ließen.

Daß Richter und Verwaltungsbeamte unbestechlich und von fleckenloser Ehrenhaftigkeit waren, lag im Wesen der ständischen Ordnung des Gerichts- und Verwaltungswesens, in welchem der Dienst als „Landesdienst", d. h. in erster Linie als ehrenvolle Pflicht, betrachtet wurde, der zum Teil (wie z. B. in Estland) sogar ehrenamtlich geleistet wurde. Es soll dieser Umstand auch nicht als Verdienst hervorgehoben werden; dagegen kann er aber auch nicht übergangen werden im Hinblick auf die notorische Korruption des russischen Beamtentums, das nun an Stelle des einheimischen treten sollte.

Gegenüber diesen unzweifelhaften Vorzügen darf nicht verschwiegen werden, daß das Prozeßverfahren der einheimischen Gerichte kompliziert und der Instanzenzug schleppend war, so daß eine Änderung der Gerichtsordnung und des Prozesses von den Balten selbst als Notwendigkeit empfunden wurde[1]). Daß diese Änderung nicht schon früher eingetreten war, ist nicht Schuld der provinziellen Selbstverwaltungsorgane, sondern der Staatsregierung. Bereits 1845 hatte diese bei Gelegenheit des Inkrafttretens der beiden ersten Teile des Provinzialrechts der Ostseeprovinzen eine Reform des Zivil- und Kriminalprozesses in Aussicht gestellt. In den Jahren 1864 und 1865 wurden Entwürfe fertiggestellt, jedoch nicht bestätigt, da 1867 der Generalgouverneur Albedinsky die Einführung von Friedensgerichten und damit im Zusammenhang eine gänzliche Reorganisation des Gerichts- und

[1]) Vgl. J. Schiemann, Über die Notwendigkeit einer Reform der kurländischen Gerichtsverfassung. Balt. Mon. Bd. 25, 1877. Th. Berent, Rechtspflege und Rechtswissenschaft in den baltischen Provinzen. Balt. Mon. Bd. 26, 1879. Vgl. auch die verschiedenen Artikel von Zwingmann, Bergbohm u. a., ibid. Bd. 24—26.

Verwaltungswesens in den Ostseeprovinzen dringend befürwortete. Die Einführung der Friedensgerichte wurde 1880 beschlossen, der Termin jedoch wegen der geplanten allgemeinen Justizreform hinausgeschoben[1]).

So war seit den Arbeiten der sog. Zentraljustizkommission in Dorpat (1864/65) wiederum ein Vierteljahrhundert ins Land gegangen, und es war nichts geschehen. Das unabwendbare Schicksal der meisten Reformprojekte der baltischen Stände hatte auch die Entwürfe einer neuen Prozeßordnung erreicht: sie waren im Aktenstaube der russischen Archive begraben. Das bisherige Gerichts- und Verwaltungswesen, wie wir es mit seinen Vorzügen und Nachteilen geschildert haben, blieb also bestehen.

Es muß zugegeben werden: „modern" waren diese Zustände nicht, sie rochen dem aufgeklärten Russen bedenklich nach dem schwarzen Mittelalter. Auch entsprachen sie keineswegs dem mit Alexander III. zur Herrschaft gelangten Staatsgedanken: ein Zar, ein Glaube, eine Sprache, ein Recht.

Es wurde demnach beschlossen: wie auf den Gebieten der Kirche und der Schule auch auf dem des Rechts- und Verwaltungslebens in den Grenzmarken das „Fremdstämmige" auszurotten und an dessen Stelle das Füllhorn der Segnungen russischer Aufklärung über das befreite Land auszuleeren.

Die Reform des Gerichts- und Verwaltungswesens steht im innigsten Zusammenhange mit den von uns bereits geschilderten Maßregeln zur Russifizierung der Ostseeprovinzen. In demselben Jahre 1882, als der Dörptsche Kurator Baron Stackelberg durch den verschlagenen Fanatiker M. N. Kapustin ersetzt wurde, erschien, versehen mit außerordentlichen Voll-

---

[1]) Vgl. O. Schmidt, Rechtsgesch. Liv-, Est- und Kurlands. Dorpat 1895, S. 253 f.

machten, der Senateur N. A. Manasseïn zur Untersuchung des Gerichts- und Verwaltungswesens. Die „Manasseïnsche Revision" mit allen ihren Begleiterscheinungen: der Hetzarbeit der Tschinowniks wider die deutschen Gerichte, den Agents provocateurs den künstlichen Bittschriften und den Enttäuschungen hinsichtlich der erwarteten Resultate ist so oft in Flugschriften geschildert worden, daß sie hier füglich übergangen werden kann. Es hatte den Anschein, als wenn Manasseïn nicht vorsichtig genug gewesen sei und das Hauptgebot politischer Klugheit: pas de zêle! nicht genügend beachtet hätte; er wurde plötzlich abberufen und sein Bericht nicht veröffentlicht.

Dieser bis zum heutigen Tage „geheim" gebliebene, aber zur Genüge bekannte Bericht Manasseïns schildert die Einrichtungen der Ostseeprovinzen als vollständig überlebt, weist darauf hin, daß eine Einigung des baltischen Gebiets mit dem russischen Reich nicht stattfinden könne, da der wichtigste Einigungsfaktor, die russische Sprache, fehle, daß die Bevölkerung mit der deutschen Kultur sich auch die deutsche Sprache aneigne, „daß wie die Schule, so auch das intellektuelle Leben des Landes genährt würden von einem ablehnenden Verhalten gegen unsere Aufklärung, unsere Einrichtungen, unsere Zivilisation, die von einem ihnen (d. i. den Balten) fremden Geist durchweht seien", und konstatiert schließlich, daß die Balten nicht die Initiative zur Beseitigung dieser Mängel ergreifen würden, sondern „daß nur ein autoritativer, von außen her gelenkter Gang der Ereignisse zum vorgesteckten Ziel führen könne [1])."

---

1) Vgl. die Darstellung der russischen, von der Regierung subventionierten Zeitung „Rishski Westnik" vom 25. Oktober 1894, in Balt. Mon. Bd. 41, 1894, S. 670.

Dieser Eingriff von außen ließ nicht auf sich warten. Mit dem Jahre 1885 begann — wie bereits oben dargestellt worden ist — die energische Durchführung des panslawistischen Programms, nachdem mit dem Amtsantritt des Generalleutnants M. A. Sinowjew am 12. Juli 1885 ein ebenso talentierter als brutaler Verfechter der Regierungspolitik Gouverneur von Livland geworden war.

Über das Wesen dieser Politik konnte man keinen Augenblick im unklaren sein, nachdem Kaiser Alexander III. in seiner ablehnenden Antwort auf die Supplik der livländischen Ritterschaft wegen der Glaubensfreiheit erklärt hatte, „er sehe auf die baltischen Provinzen als auf einen Teil von Rußland und erstrebe mit allen Kräften eine Vereinigung, auf dem Boden des Gesetzes stehend, nicht der Privilegien[1])“, und nachdem auch der Großfürst Wladimir am 30. Juni 1886 in Dorpat verkündet hatte: „Es ist der unerschütterliche Wille Sr. Majestät, eine vollständige Assimilation und Gleichstellung mit dem Reiche zustande zu bringen.“ „Für die russischen Männer“ — schrieb eine russische Zeitung — „sind diese Worte wie ein Leuchtturm, sie erleuchten den weiteren Weg.“

Einen Weg, der über die Trümmer der zerstörten alten Kultur zur Demoralisation der bäuerlichen Bevölkerung und zur Revolution führte!

In rascher Reihenfolge erschienen nun Verordnungen und Gesetze gegen die Ausübung des lutherischen Glaubens und gegen die Anwendung der Muttersprache in der Schule und in den Behörden; alsdann wurde an die Aufhebung des bisherigen Gerichts- und Verwaltungswesens gegangen. Das

---

[1]) Schreiben des Gen.-Adjutanten v. Richter im Allerhöchsten Auftrage d. d. 20. Oktober 1885. Balt. Mon., Beil. zur Balt. Chronik VI. 1901/02, S. I.

Gesetz vom 3. Juni 1886 stellte durch Vergrößerung der Kompetenzen der Staatsanwaltschaft (Prokuratur) und durch einige Änderungen des Prozeßverfahrens eine Interimsordnung her bis zur Einführung des russischen Gerichtswesens; sodann wurde durch Gesetz vom 9. Juni 1888 das russische Polizeisystem eingeführt, und endlich erschien am 9. Juni 1889 das Gesetz, in Grundlage dessen am 20. November in Estland, am 28. November in Livland und am 30. November und 3. Dezember 1889 in Kurland die bisherigen Justizbehörden durch russische ersetzt wurden. Schon am 4. Februar 1889 war die Juristenfakultät zu Dorpat im russischen Sinne reorganisiert worden. Das neue Gerichtswesen entspricht im wesentlichen den allgemeinen russischen Gerichts- und Friedensrichterinstitutionen, doch werden die Friedensrichter nicht wie im Innern des Reiches von den Ständen gewählt, sondern von der Regierung ernannt. Für die vier Provinzen sind vier Bezirksgerichte errichtet worden, je eines in Estland und Livland und zwei in Kurland; als Appellationsinstanz dient eine Abteilung des Petersburger Appellhofes. Die Bauerngerichte wurden dahin abgeändert, daß den Gemeindegerichten sog. Bauernkommissare als Aufsichtspersonen und Oberbauernrichter als Oberbehörden übergeordnet wurden. Als Prozeß gilt der russische Kriminal- und Zivilprozeß mit geringen Modifikationen. Gerichtssprache ist in allen Behörden mit Ausnahme der Gemeindegerichte, wo die örtliche Volkssprache „temporär“ zugelassen wurde, die russische[1]).

Ist nun an und für sich die Einführung einer vollständig neuen Gerichtsordnung mit einem von dem früheren ganz verschiedenen Prozeßverfahren ein gewagtes Experiment gegenüber einer Bevölkerung, deren Kulturstufe relativ niedrig

[1]) Vgl. O. Schmidt l. c. S. 289—293.

ist, so muß der Umstand, daß das Recht in einer der Bevölkerung fremden Sprache gesucht und gesprochen werden soll, vollends dazu führen, daß die Rechtsvorstellungen ins Schwanken geraten und das Rechtsbewußtsein schwindet.

Man vergegenwärtige sich die Lage, die durch die Justizreform in den Ostseeprovinzen geschaffen wurde.

In den früheren Behörden fanden die Verhandlungen in der Sprache der rechtsuchenden Personen statt. Die Richter waren Landeskinder und verhandelten mit den Parten in deren Muttersprache. Die Eingaben und die einzureichenden Urkunden (Verträge, Schuldverschreibungen usw.) wurden in der Sprache der Beteiligten abgefaßt. Jetzt galt als Gerichtssprache ausschließlich das Russische, eine Sprache, die der überwiegende Teil der Bevölkerung nicht verstand, geschweige denn so weit beherrschte, als es für ein Gerichtsverfahren notwendig war. Dieser Zustand mußte auch für die Zukunft gelten, da die mit der Justizreform gleichzeitige Einführung der russischen Unterrichtssprache in den Lehranstalten nur sehr allmählich zu genügender Kenntnis des Russischen führen konnte; zumal bei der bäuerlichen Bevölkerung, die im Privatleben ihre Muttersprache gebraucht und die in der Volksschule angelernten Sprachen wieder vergißt.

Infolgedessen kam es zu den schlimmsten Erschwerungen der Rechtspflege. Im Kriminalverfahren wurde ein unmittelbarer Verkehr zwischen dem Untersuchungsrichter, den Richtern und der Staatsanwaltschaft einerseits, dem Angeklagten und dem Zeugen andererseits unmöglich. Dieser Verkehr wurde für den Angeklagten durch den Verteidiger, für die Zeugen durch den Translateur vermittelt. Da es beim ganzen Verfahren auf den richtigen Sinn jedes Wortes ankommt, so hängt das Schicksal des Angeklagten von der Gewissenhaftigkeit des juristisch ungebildeten Translateurs ab, der von den

Richtern und dem Staatsanwalt nicht kontrolliert werden kann, da diese Personen der Landessprache nicht mächtig sind. Ebenso schwierig gestaltet sich das Zivilverfahren. Im Bezirksgericht existieren für dieses Verfahren keine Translateure, und so müssen sich die streitenden Parteien durch Rechtsanwälte vertreten lassen, was natürlich große Kosten verursacht.

Bei den Friedensrichtern übernimmt wie bei den Untersuchungsrichtern der Translateur die Vermittlung, der ein schlecht bezahlter, privatim vom Richter angestellter, rechtsunkundiger, die Sprachen schlecht beherrschender, gänzlich unqualifizierter und unkontrollierbarer Privatmann ist.

Wer jemals das Unglück gehabt hat, als Partei oder Zeuge einem solchen Gerichtsverfahren beizuwohnen, der wird eine quälende Erinnerung an diese Fälle von Mißverständnissen und Unsinn behalten, die von dem unwissenden und häufig übermüdeten Translateur zutage gefördert wurde, der beständig durch das nervöse: „Was sagt er?" oder das gleichgültige „Genug geschwatzt!" des Richters unterbrochen wird, der zufrieden ist, wenn er ungefähr erfährt, um was es sich handelt und nach welchem Schema der Fall zu behandeln ist. Es sei hier das Zeugnis eines Russen in der „Nowoje Wremja" (11. Dezember 1899) angeführt: „Welch unerfreuliches Bild in den . . . baltischen Bezirksgerichten die durch einen Dolmetscher vor sich gehende Befragung der des Russischen unkundigen Zeugen bietet, das wissen diejenigen, die bis in die tiefe Nacht hinein den Gerichtsverhandlungen in der „verstummten Grenzmark" . . . haben beiwohnen müssen. Nur nach dem Urteil von Leuten, die mit den örtlichen Verhältnissen absolut nicht bekannt sind, ist dieses Land in den letzten Jahren schon völlig russifiziert." Der Dolmetscher ermüdet, wird zerstreut, „verwechselt mitunter Kläger und Beklagten", unterbricht die Zeugen mitten in ihren Aussagen, „um ein langes Verhör zu vereinfachen und abzukürzen", mißversteht sie, übersetzt falsch, lückenhaft oder ungenau usw. Proteste helfen nicht immer, da auch der Richter ungeduldig werden kann. „Auf diese Weise wird die Aussage des Zeugen in der Wiedergabe des Dolmetschers durch zufälliges Verschweigen, Kürzungen, Müdigkeit, Mißstimmung, schlechtes Gedächtnis, Unfähigkeit, genau und knapp Fragen und Antworten wiederzugeben, und viele andere kleine Ursachen völlig entstellt." Dazu kommt dann noch, „daß die Wahl der Translateure im baltischen Gebiet in vielen Fällen eine sehr unglückliche ist", . . . ihre etatsmäßige Gage ist so gering, „daß sich in der Praxis der baltischen Bezirksgerichte der Brauch herausgebildet hat, die Parteien noch mit einer Ergänzungsgebühr von einem Rubel zu belegen, sobald ein Zeugenverhör durch den Translateur bevorsteht."

So weit die „Nowoje Wremja", die den einzigen Trost in der Hoffnung findet, daß einmal die gesamte baltische Bevölkerung fließend Russisch sprechen werde [1]).

Besonders der Einzelrichter ist in einer Weise von diesem in den Gerichtsinstitutionen gar nicht vorgesehenen Translateur abhängig, daß ein Laie leicht den Richter bloß für Protokollführer, den Translateur für den eigentlichen Fragesteller halten könnte. Was aus diesem Verhältnis entsteht, wenn der Translateur aus diesem oder jenem Grunde, etwa durch Bestechung, parteiisch ist, braucht nicht besonders ausgemalt zu werden; ebensowenig welche Ratlosigkeit, ja Verzweiflung den ungebildeten, langsam denkenden Bauer bei solcher Verhandlung ergreift.

Eine direkte Folge des allgemeinen Mißtrauens gegenüber der Fähigkeit des russischen Gerichts, insbesondere des Einzelrichters, die objektive Wahrheit festzustellen, sowie der

---

[1]) Vgl. Balt. Chronik 1899/1900, S. 87.

weitgehenden, aber sehr erklärlichen Abneigung gegen die Molesten, denen der Rechtsuchende bei dem entsetzlichen Formalismus des Verfahrens ausgesetzt ist, ist die Tatsache, daß ein großer Teil der begangenen Verbrechen nicht zur Anzeige gelangt. Die Schäden, welche dem Betroffenen und den etwaigen Zeugen durch unnütze Zitationen, Fahrten, Warten beim Untersuchungsrichter, im Gericht usw. erwachsen, werden häufig höher eingeschätzt als der durch das Verbrechen verursachte direkte Verlust. Der in der Stadt wohnende Untersuchungsrichter scheut kostspielige Fahrten über Land und zitiert infolgedessen die Beteiligten, ohne Rücksicht auf deren Zeitverlust, auf weite Strecken, einmal, zweimal, dreimal, um schließlich zu verkünden, daß die Sache wegen Mangels an Beweisen niedergeschlagen wird. Kommt es aber zum gerichtlichen Verfahren, so sind abermalige Zitationen und, da sämtliche Verhandlungen eines Tages auf dieselbe Stunde (zehn Uhr) angesetzt werden, stundenlanges Warten die Folge, bis man aufgerufen wird, um zu erfahren, daß der Beklagte nicht erschienen ist und daß die Verhandlung vertagt wird. Ist auch der Moment der Verhandlung erschienen, so erweist es sich, daß der Beklagte vollauf Zeit und Gelegenheit zur Verdeckung aller Spuren des Verbrechens gehabt hat, oder daß die Aussagen bei der Voruntersuchung in einer Sprache, die die Beteiligten nicht verstanden, mißverständlich wiedergegeben sind.

Welch eine Rolle die allgemeine Abneigung der Bevölkerung gegen die Anzeige von Verbrechen in der Kriminalistik spielt, soll hier eine statistische Erhebung darstellen, die im Jahre 1903 von der estländischen Ritterschaft unter Beihilfe des Gouverneurs gemacht worden ist:

Von 261 schweren Einbruchsdiebstählen waren der Polizei bekannt 109, also 42 %.

Von 421 sonstigen qualifizierten Diebstählen 220, also 52 %.

Von 216 Pferdediebstählen 81, also 37 %.

Von 82 Brandstiftungen 24, also 30 %.

Es liegt auf der Hand, welchen verderblichen Einfluß eine derartige Stellung der Bevölkerung auf die Kriminalität haben muß; bedeutet sie doch die Zusicherung der Straffreiheit bei dem größeren Teile aller Verbrechen.

Über die Zunahme der Verbrechen, die von der Bevölkerung schwer empfunden wurde und auf die die Presse immer wieder hinwies, läßt sich kein deutliches Bild gewinnen, einmal weil nur ein geringer Teil der Verbrechen zur Anzeige und Verfolgung gelangt, dann weil die amtliche Statistik manches zu wünschen übrig läßt, insbesondere auch die Neigung hat, „alles zum besten zu kehren".

Eine Zusammenstellung der Daten über Personen, die durch das Rigasche Bezirksgericht in den Jahren 1892 bis 1904 verurteilt worden sind[1]), ergibt folgende Skala:

	Verbrechen wider die Person	Verbrechen wider das Eigentum von Privaten
1892	165	356
1893	144	402
1894	125	573
1895	122	565
1896	199	497
1897	223	384
1898	202	910
1899	200	431
1900	186	451
1901	236	512
1902	248	579
1903	293	692
1904	246	745

Trotz der Schwankungen, die wir nicht erklären können (z. B. das Jahr 1895 bei Verbrechen wider die Person und

[1]) Materialien, herausgegeben vom Livl. Gouvernementsstatistischen Komitee. Jahrgänge 1892—1904. Riga (russ.).

1897 bei Verbrechen wider das Eigentum!), weist die Skala eine aufsteigende Kurve auf, die durch die Bevölkerungszunahme allein nicht erklärt werden kann.

Wir wenden uns nun zu einer weiteren Wirkung der Justizreform.

Das geltende Privatrecht in den Ostseeprovinzen ist das 1864 als dritter Teil des Provinzialrechts kodifizierte Privatrecht, das auf die früheren größtenteils unkodifizierten Land- und Stadtrechte der einzelnen Territorien und Städte der Provinzen zurückgeht. Die russischen Richter, die in ihrer überwiegenden Zahl vor ihrer Entsendung in die Ostseeprovinzen von deren Provinzialrecht überhaupt nie etwas gehört haben, müssen nun in der Zivilrechtspflege nach einem ihnen völlig unbekannten Rechtsbuch Recht sprechen. Nicht nur für den Juristen, für jeden denkenden Menschen hat diese Erscheinung etwas Ungeheuerliches. Noch schlimmer wird sie aber, wenn man weiß, daß die zu den einzelnen Artikeln des ostseeprovinziellen Privatrechts zitierten Rechtsquellen, auf die bei Interpretationen und Kontroversen gesetzlich zurückgegangen werden muß, fast ausschließlich nur in deutscher Sprache vorhanden sind, wie denn auch die umfassende juristische Literatur fast durchgängig in deutscher Sprache abgefaßt ist. Und der russische Richter spricht meist kein Wort Deutsch, geschweige denn, daß er das schwere wissenschaftliche Deutsch oder gar Mittelniederdeutsch (die Sprache der alten Ritter- und Stadtrechte Livlands) verstände.

Es bedarf nicht eines besonderen Hinweises darauf, wie sehr die Rechtsprechung durch diese Mängel leiden muß.

Durch die Umwandlung der juristischen Fakultät an der früheren Universität Dorpat ist diesen unhaltbaren Zuständen eine gewisse Dauer garantiert worden. Aus dem juristischen Studium sind diejenigen Fächer, die zum Verständnis des

Privatrechts eine unumgänglich notwendige Vorbedingung darstellen, als selbständige Studienfächer ausgeschieden worden: Theorie des Zivilprozesses, deutsches Privatrecht, deutsche Rechtsgeschichte und provinzielle Rechtsgeschichte. Was jedoch noch schlimmer ist, das Privatrecht selbst wird nach der Entlassung des letzten hervorragenden Vertreters dieses Faches, des Professors Karl Erdmann (1893), von einem der russischen Professoren der juristischen Fakultät, der in dieser Hinsicht autodidakt ist, gelesen, wobei jahrelange Vakanzen des Lehrstuhles vorkommen. Wie wenig hierbei die wissenschaftliche Seite der Frage in Betracht kommt, beweist die Antrittsvorlesung des Zivilrechtlehrers Professors A. Kriwzow, des Nachfolgers des tüchtigen und ehrlichen Professors Kasso, im Februar 1896, der die bäuerliche Lage in den Ostseeprovinzen in den schwärzesten Farben schildert und einen Übergang zum großrussischen Gemeindebesitz (dem „Mir") empfahl. Der gelehrte Professor charakterisierte die zahlreichen bäuerlichen Kleingrundbesitzer, die „Gesindeswirte", als eine schwere Plage für das Land, gewissermaßen das nämliche, was im Innern des Reiches die halsabschneiderischen Dorfwucherer, die Kulaki, sind. — Zudem seien diese Hofbesitzer — und da schaute der Pferdefuß bedenklich hervor — große Helfer im Germanisieren[1]). Dieser Mann der vorurteilsfreien Wissenschaft wurde 1899 durch einen andern Professor, Netschajew, abgelöst, der ebensowenig wie er an Sachkenntnis litt. Ihm folgte ein gewisser Newsorow, der seinen Lehrstuhl dazu benutzte, gegen das Deutschtum zu hetzen. Welchen Wert seine Lehrtätigkeit hatte, charakterisiert seine Auffassung des baltischen Privatrechts, das er öffentlich mit dem Schmähnamen „Herrenrecht" belegte.

---

[1]) Balt. Chronik 1896, S. 36, vgl. S. 59 u. 105; 1897, S. 76; 1898, S. 44 und 1899/1900, S. 15.

Inzwischen war im Februar 1897 ein Lehrstuhl für das Privatrecht der Ostseeprovinzen errichtet worden, und zwar in — Charkow! Die Absolventen des Faches sollten Vorzugsrechte beim Dienst in den Ostseeprovinzen genießen.

Diese Verhältnisse geben ein trauriges Prognostikon für die baltischen Rechtsverhältnisse der Zukunft. Was die Vergangenheit und Gegenwart betrifft, so sind die meisten amtierenden Richter ohne jede Vorbildung im Privatrecht und mangels der Kenntnis der deutschen Sprache auch nicht in der Lage, sich autodidaktisch eine irgend gründlichere Kenntnis des ostseeprovinziellen Rechts anzueignen.

So herrscht hier ein Zustand, dem ein Westeuropäer sprachlos gegenübersteht: der größte Teil der Richter, Verwaltungsbeamten und des Advokatenstandes kennt nicht das lebendige Recht des Landes! Nehmen wir noch hinzu, daß die Justiz- und Verwaltungsbeamten fast durchgängig Russen aus dem Innern des Reichs sind, die das Land und seine Bevölkerung nicht kennen, daß sie meist voller Vorurteile gegenüber den „feudalen" Verhältnissen herkommen, die ihrem demokratischen Empfinden ein Greuel sind, daß sie es für ihre nationale und moralische Pflicht erachten, der russischen „Aufklärung" in den Grenzmarken zum Siege zu verhelfen, so kann man ermessen, welche schweren Folgen dieses für das Rechtsbewußtsein des Volkes haben mußte.

Es muß allerdings zugegeben werden, daß die Hauptlaster des russischen Beamtentums: Bestechlichkeit und Mangel an amtlichem Pflichtgefühl, bei den Beamten in den Ostseeprovinzen nicht in dem Maße zutage treten, wie dieses im Innern des Reiches geschieht. Dieses liegt offenbar daran, einmal daß bessere Elemente auf diesen Kampfposten geschickt werden[1]), dann daß die Beamten sich als Vertreter einer Idee

[1]) Vgl. Graschdanin v. 9. Sept. 1899 in Balt. Chron. 1899/1900, S. 10.

fühlen, deren Durchführung ihnen sowohl adäquat als auch vorteilhaft für ihre Laufbahn ist, so daß ihre natürliche Trägheit und Gleichgültigkeit, die von den russischen Satirikern Gógol, Gryböjédoff, Gontscharóff, Tschéchoff u. a. so treffend geschildert wird, bis zu einem gewissen Grade paralysiert wird. Da zudem die Bevölkerung der Ostseeprovinzen sich nur allmählich an die neuen Geschäftsusancen gewöhnte, auch meist recht ungeschickt im amtlichen Verkehr zeigte, so blieb die Bestechlichkeit in den meisten Fällen latent, ja mancher Beamte entpuppte sich zu seiner eigenen Verwunderung wohl oder übel als Kato. Um so mehr wuchs aber seine Verachtung der Fremdstämmigen, und er konnte sich restlos der Aufgabe weihen, diese minderwertigen Untertanen dem großen Reiche zu assimilieren.

Daß dieses Urteil nicht zu hart ist, weiß jeder Kenner der baltischen Verhältnisse. Wir wollen hier eine in vielfacher Hinsicht typische Laufbahn eines baltischen Verwaltungsbeamten, den Fall „Kassatzki", nach dem offiziellen Prozeßbericht referieren.

Joseph Kassatzki, der nach den Prozeßakten in seinem ganzen Leben nur ein Examen, und zwar im Lesen, Schreiben und den vier Spezies, abgelegt hatte, wurde 1881 auf Grund gefälschter Bildungszeugnisse im Moskauer Gouvernement zum Friedensrichter gewählt und wurde 1886 Beamter bei der kurländischen Akzise. Bei der Justizreform 1889 wurde er Bauernkommissar in Ösel, wo er im Auftrage des Gouverneurs Sinowjew die Verschmelzung der Bauerngemeinden betrieb und bei Einrichtung der neuen Gemeindekanzleien durch „Vermittlung" der Ankäufe der Geldschränke, Kaiserporträts usw. die Summe von 3421 Rbl. und 72 Kop. „verdiente". Die murrenden Gemeinden brachte er durch Schikanen und Brutalität zum Schweigen. 1896 wurde K. Öselscher

Kreischef (Landpolizeichef); 1898 berichtete K.s Nachfolger, der Bauernkommissar B., dem Gouverneur über K.s Unterschlagungen, fand aber wenig Glauben. Bei den darauf eingeleiteten Kriminaluntersuchungen kamen seine Antezedentien, seine gänzliche Unbildung, die Fälschungen seiner Atteftate usw. zutage, zum größten Erstaunen seiner Vorgesetzten. Bei der Verhandlung des Prozesses vor dem Rigaschen Bezirksgericht im Oktober 1901 machte sich eine allgemeine Sympathie der russischen Gesellschaft für den „Unglücklichen" bemerkbar. Die Verteidigung führte aus, daß K. „zur Förderung der Russifizierung eines abgelegenen Winkels des Vaterlandes" viel beigetragen habe — seine Verirrungen ließen sich durch sein herbes Geschick erklären, das ihm neben einer rechtmäßigen Gattin eine Geliebte mit drei Kindern beschert habe. Diese zwei Familien hätte er ehrenhafterweise unterhalten. Er sei nicht nur ein tüchtiger, sondern auch ein guter Mensch! Die sog. Unterschlagungen bei Ankauf des Inventars der Gemeindehäuser seien als kaufmännische Vermittlung aufzufassen, der von K. beanspruchte (!) Gewinn von 34 % sei vom Standpunkt des Kaufmannes nicht hoch.

Trotzdem wurde K. in allen Punkten schuldig befunden und zu 1½ Jahren Arrestantenkompagnie — dem niedrigsten in Frage kommenden Strafmaß — verurteilt. Seine Appellation wurde vom Senat im Februar 1902 verworfen. In der Appellationsschrift stellt er sich als Opfer der Intrigen der Feinde der Russifizierung dar. Am 15. Mai 1902 wurde K. auf Vortrag des Justizministers unter Zustimmung des Ministers des Innern allergnädigst von Sr. Maj. dem Kaiser von der Verbüßung der über ihn verhängten Strafe befreit und sofort in Freiheit gesetzt.

Es ist schwer zu sagen, was einen im „Fall Kassatzki" mehr erschüttert: die entsetzliche Unordnung im Behördenwesen, die es einem Manne mit Elementarschulbildung ermöglichte, nacheinander Friedensrichter, Sekretär einer Akziseverwaltung, Bauernkommissar und Kreischef zu werden, die moralische Begriffsverwirrung der russischen öffentlichen Meinung, die in dem Diebe und Betrüger fast einen Heros erblickte, weil er seine Nebenfrau und seine drei unehelichen Kinder ebenso unterstützte wie seine legitime Familie, oder endlich die offenbare, alles Recht verhöhnende Begünstigung des Kassatzki durch Justiz und Regierung, weil er ein brauchbares Werkzeug der Russifizierung gewesen!

Es sei aber fern von uns, den „Fall Kassatzki" zu generalisieren. Es gab natürlich Ausnahmen, besonders in den Kollegialgerichten, wo tüchtige und ehrenwerte Beamte nicht selten sind. Diese werden aber nach ununterbrochener bureaukratischer Gewohnheit versetzt, sobald sie sich in die fremden Verhältnisse eingelebt und sich mit den Rechten und Gewohnheiten des Landes bekannt gemacht haben. Solche Versetzungen und Beförderungen sind verständlich, wenn es sich um Personen handelt, die sich durch den Augenschein davon überzeugt haben, wie unmoralisch und töricht die Regierungspolitik gegenüber den Ostseeprovinzen ist, und die ehrenhaft genug sind, nach ihrer neu gewonnenen Überzeugung zu handeln; auch sind solche Versetzungen verständlich, wenn es sich um Personen handelt, die durch mehr oder weniger ungesetzliche Handlungen öffentliches Ärgernis hervorgerufen und das Regierungsprogramm kompromittiert haben — dagegen gibt es aber zahlreiche Versetzungen, deren Grund dem beschränkten Untertanenverstande ewig verborgen bleiben wird, da er in den geheimnisvoll waltenden Gesetzen der Beamtenhierarchie zu suchen ist. — Jedenfalls muß diese übertriebene Freizügigkeit der Beamtenschaft um so schlechter wirken, als es für sie schwer ist, in dem ihnen so ganz fremden Boden Wurzel zu fassen. Direkt demoralisierend wirken aber die sog. Strafversetzungen makulierter Beamter von einem Ort der Ostseeprovinzen zum andern, wie sie gang und gäbe sind und die mit der in Rußland herrschenden Auffassung zusammenhängen, daß Beamte nur wegen grober Kriminalvergehen abgesetzt werden können.

Kann es unter solchen Umständen wundernehmen, daß die Rechtszustände in den Ostseeprovinzen in den fünfzehn Jahren des neuen Regimes vollständig verrottet sind, daß das Rechtsbewußtsein der gebildeten Klassen auf Schritt und Tritt beleidigt und mit Füßen getreten wird, daß die Rechtsvorstellungen der bäuerlichen Bevölkerung vollständig aus den Fugen gegangen sind — kurz, daß ein unbeschreiblicher Zustand der Rechtsunsicherheit und der moralischen Verwilderung eingetreten ist?!

Schlußwort.

Wir haben in den vorhergehenden Abschnitten die Wirkungen der russischen Grenzmarkenpolitik auf die Bevölkerung der Ostseeprovinzen geschildert. Wir haben gesehen, daß durch die mit fanatischem Eifer und mit den unlautersten Mitteln durchgeführten Konversionen zahlreiche Bauern — in Livland allein weit über 100 000 — in der Hoffnung auf materielle Vorteile in den Schoß der griechischen Kirche geführt wurden, dem sie sich nicht mehr entwinden konnten, nachdem die notwendige Ernüchterung eingetreten war. Wir haben ferner gesehen, daß durch diese Vorgänge die schwersten sittlichen Konflikte entstanden, daß viele dieser Betörten, des moralischen Halts der Religion beraubt, heimliche Taufen vornahmen, in wilder Ehe lebten, die Konfirmation und das Abendmahl durch Lüge erschlichen, kurz, sich außerhalb des Sittengesetzes stellten; daß wieder unzählige andere, die keine Gewissensnot empfanden, im neuen Glauben, der ihnen nichts bot, in gleichgültigem Stumpfsinn, ja in offener Mißachtung seiner Formen verharrten. Wir haben endlich gesehen, wie die Staatskirche das Luthertum auf die Stufe einer christlichen Sekte herabdrückte und sie in der Vorstellung des Volkes in jeder Weise erniedrigte, so daß die Autorität der lutherischen Seelsorger systematisch vernichtet wurde.

Wir haben hierauf die Russifizierung der Volksschule behandelt und haben die merkwürdige und erschütternde Tatsache festgestellt, daß im Laufe von zwanzig Jahren ein in 200 Jahren aufgeführter Bau vollständig niedergerissen worden ist. Wir haben gesehen, daß die ebenso sitten- wie gedankenlose Politik der Panslawisten nicht nur die Volksbildung unendlich herabgesetzt, sondern, was weit schlimmer ist, die Jugend demoralisiert und in die Arme der Sozialdemokraten und Anarchisten getrieben hat.

Wir haben ferner die Russifizierung des Justiz- und Verwaltungswesens dargestellt und haben gesehen, daß die patriarchalische, bis in die untersten Instanzen ausgebildete Selbstverwaltung durch ein rein bureaukratisches Regime ersetzt worden ist, daß ein Heer von russischen Beamten das Land überschwemmt hat, welches sie weder kannten, noch dessen Sprache sie verstanden, daß Recht gesprochen wird nach einem Recht, das der Richter nicht kennt, ja in den meisten Fällen nicht einmal kennen lernen kann. Wir haben gesehen, daß infolgedessen das Rechtsbewußtsein der gebildeten Klassen beständig verletzt und daß die Rechtsvorstellungen der bäuerlichen Bevölkerung auf das äußerste erschüttert worden sind. Wir haben an der Hand statistischer Daten nachgewiesen, wie gering das Zutrauen der Bevölkerung zum Arm der Gerechtigkeit war und wie sehr infolgedessen die Rechtsunsicherheit zugenommen hat.

Aus diesen Untersuchungen läßt sich erkennen, wie sehr die Russifizierung der Revolution die Wege geebnet hat.

Als Einleitung zum zweiten, der Schilderung der revolutionären Ereignisse gewidmeten Teil dieser Abhandlung werden wir noch eine andere Seite der die Revolution vorbereitenden Einwirkung des Panslawismus auf die Letten zu untersuchen haben. Wir werden sehen, wie in systematischer Hetzarbeit seit bald 50 Jahren die „unterdrückten“ Letten und Esten gegen alles Deutsche aufgewiegelt wurden. Im Sommer 1862 erklärte die von Iwan Aksakow und Juri

Samarin herausgegebene Zeitschrift „Denj" (der Tag): sie werde sich glücklich schätzen, wenn sie in etwas dazu beitragen könnte, das lettische Volk „vom Joch der Deutschen zu befreien"[1]).

Damals entstand unter der Ägide des Panslawismus die junglettische Partei, die sich den Rassen- und Klassenkampf zur Aufgabe machte und die in der Grenzmarkenpolitik der Regierung dazu ausersehen war, dem verhaßten Deutschtum in den Rücken zu fallen. Die nationale Bewegung unter den Letten und Esten stellt sich als ein rein künstliches Produkt des Deutschenhasses der Panslawisten dar. Von einer Unterdrückung des lettischen und estnischen Volkstumes als solchen durch die Deutschen konnte auch bei böswilligster Beleuchtung der Dinge nicht die Rede sein. Es war vielmehr eine unbestrittene Tatsache, daß die Pflege des undeutschen Volkstums von den Deutschen ausgegangen war. Die lettisch-literarische Gesellschaft und die gelehrte estnische Gesellschaft, die seit Beginn des Jahrhunderts Sprache und Eigenart der Letten und Esten untersucht, gepflegt und befördert hatten, bestanden fast nur aus Deutschen, zum größten Teil aus deutschen Predigern. Die Volksschule war, wie wir gesehen haben, national. Von einer gewaltsamen Germanisierung war nicht die Rede. Man hat im Gegenteil von anderer Seite gegen die baltischen Deutschen den Vorwurf erhoben, die Letten und Esten nicht germanisiert zu haben. Sehr mit Unrecht. Solche Vorwürfe beruhen auf Unkenntnis der Sachlage. Die bewußte Germanisierung der Undeutschen wäre bis ins 19. Jahrhundert ein Anachronismus: Erstens verfiel kein Mensch darauf, und zweitens wäre es eine physische Unmöglichkeit gewesen, wie wir schon gelegentlich ausgeführt haben. Mit den Zeiten

[1]) Vgl. A. Buchholtz, Fünfzig Jahre russ. Verwaltung usw., l. c. S. 250.

Herders in der Aufklärungsperiode setzte eine Strömung ein, die jeder Entnationalisierung feindlich war, die darin eine Vergewaltigung der „Menschenrechte" gesehen hätte. Es wurde im Gegenteil Mode, fremdes Volkstum zärtlich zu pflegen. Man lese hierüber die Reden deutscher Gelehrter und Prediger nach, die 1819 in der Kurländischen Gesellschaft für Literatur und Kunst zu Mitau gehalten wurden. Die Epoche der Romantik konnte in dieser Auffassung keine Wandlung bringen. Als eine mehr nüchterne Denkungsart herrschend wurde, da hätte die Frage der Germanisierung der Letten und Esten zur Sprache kommen können. Doch hatte sich die politische Lage der Provinzen damals vollständig verändert. Das Deutschtum hatte sich selbst zu verteidigen gegen die ihm drohende gewaltsame Entnationalisierung. Diese Verteidigung konnte nur geführt werden auf der Basis der Achtung vor der Muttersprache, vor der Nationalität. Es liegt auf der Hand, daß eine gleichzeitige Entnationalisierung der Letten und Esten diese Basis erschüttert hätte. Daher betonten die Deutschen die Notwendigkeit der nationalen Volksschule. Nur wer sich eine höhere Bildung erwerben wollte, war auf die deutschen Mittel- und Hochschulen angewiesen. Auf diesem Weg fand eine Germanisierung zahlreicher lettischer und estnischer Elemente statt, denn die Aneignung einer fremden Kultur hat naturgemäß den Verlust der bisherigen Nationalität zur Folge, zumal wenn damit ein Aufrücken in eine sozial höhere Stufe verbunden ist. Auch die „lettische Intelligenz", die mit dem Eifer des Emporkömmlings und dem Nationaldünkel aller kleinen Völkersplitter ihr reines Lettentum betont, ist im Grunde genommen germanisiert, da ihre Kultur deutsch-protestantisch ist.

Das nationale Moment spielte also in der junglettischen Bewegung, die in den sechziger Jahren des 19. Jahrhunderts entstand, nur die Rolle des schön ausschauenden Mäntelchens, mit dem sich die begehrlichen materiellen Instinkte drapierten. Gewiß gab es schon damals nationale Fanatiker unter den wenigen gebildeteren Führern, aber tatsächlich trug die Bewegung einen wirtschaftlichen Charakter, der seit 1880 einen immer mehr sozialistischen Anstrich erhielt. 1882 erschien in Genf ein Monatsblättchen „Der Baltische Föderalist", das die Aufgabe verfolgte, die Verbindung zwischen der sozialistischen Bewegung in den Ostseeprovinzen und Rußland herzustellen. Gleichzeitig setzte die offizielle Deutschenhetze wieder kräftig ein; in der Manasseïnschen Revision, von der wir im Abschnitt über das Justizwesen gesprochen haben, fand sie ihren Höhepunkt.

So wurde von verschiedenen Seiten der Boden für die internationale Sozialdemokratie vorbereitet, der es beschieden war, die herangereifte Saat zu ernten und durch Meuchelmord und Brandstiftung die deutsche Kultur in den Ostseeprovinzen zu erschüttern.

www.ingramcontent.com/pod-product-compliance
Lightning Source LLC
LaVergne TN
LVHW042244300926
849161LV00003B/461
9783112384893